聪明的交易者

顺势而为与心态修炼

周乔桑　著

地震出版社
Seismological Press

图书在版编目(CIP)数据

聪明的交易者：顺势而为与心态修炼/周乔桑著．—北京：地震出版社，2019．3(2024．3 重印)

ISBN 978-7-5028-5012-8

Ⅰ．①聪…　Ⅱ．①周…　Ⅲ．①股票交易-经济心理学
Ⅳ．①F830．91-05

中国版本图书馆 CIP 数据核字(2018)第 285025 号

地震版　XM5752/F(5725)

聪明的交易者——顺势而为与心态修炼

周乔桑　著

责任编辑：薛广盈　吴桂洪

责任校对：凌　樱

出版发行：地 震 出 版 社

北京市海淀区民族大学南路 9 号　　邮编：100081

发行部：68423031　68467993　　传真：88421706

总编室：68462709　68423029　　传真：68455221

http：//seismologicalpress．com

E-mail：zqbj68426052@163．com

经销：全国各地新华书店

印刷：北京广达印刷有限公司

版(印)次：2019 年 5 月第一版　2024 年 3 月第四次印刷

开本：710×1000　1/16

字数：212 千字

印张：11．5

书号：ISBN 978-7-5028-5012-8/

定价：38．00 元

一切开始之前，我想先给有志于投身市场交易的人，泼一盆冷水！

前　言

> 投机——天下最彻头彻尾充满魔力的游戏。但是，这个游戏愚蠢的人不能玩，懒得动脑子的人不能玩，心理不健全的人不能玩，企图一夜暴富的冒险家不能玩。这些人如果贸然卷入，到死终究是一贫如洗。
>
> ——杰西·利弗莫尔《股票大作手操盘术》

人类对可以下注的游戏，从来乐此不疲，而投机交易就是这样的游戏。对于投机交易来说，懒得动脑子、心理不健全和企图一夜暴富，都同属于愚蠢。

可是，来玩这个游戏的人，往往都是自作聪明的人，最次也认为自己是一个普通人，不比别人差。谁又可能承认自己是一个愚蠢的人呢?

劝这样的人不要交易，其实是在做无用功。该到这个市场来的人，总归会来。

杰西说，愚蠢的人不适合这个游戏。可是，不玩这个游戏，又怎么会发现自己是愚蠢的呢?

当今和谐社会，周围的人如果有事没事提醒自己：“喂，你是个蠢货!”

这大概是要打架的节奏。

那么，自己是不是蠢货，就去市场中去检验一下。

而事实的结果是，刚进入这个市场，大家的检验结果都是蠢货。巴菲特当年是，索罗斯当年是，杰西当年也是，任何一个投资大师当年都是。他们都亏钱，并且亏得很惨痛。

可是，这只是检验的开始。

在这个检验刚开始的阶段，就有大多数人亏了一些钱，信心受创，出于自我的保护，退出了这个市场；小部分人，死扛到底，在哪里跌倒就在哪里躺下，完全不认为自己有什么问题。在他们看来，有问题的是市场、国家、社会、风水、时代，甚至是自己的婚姻、家庭、父母、祖籍等等诸多原因——这是真正的蠢货；绝少数的人，认识并接受这个检验的结果，希望自己有所改进，努力摆脱蠢货的头衔。只有这极少数的人，有可能在这个市场活下去。

这就好像古时候练武的人，自己练了几招市井打架的招数，就跑到少林寺去踢馆。

毫无悬念地被少林寺的光头小哥打抬出来，开始思考人生。

其中大多数人从此不敢踏入少林寺大门。也就小部分过于执着的莽夫，一生痴迷于挑战少林，屡战屡败，屡败屡战。鼻青脸肿，却斗志昂扬。从不反思就是干，最后不小心被打死了，只能阿弥陀佛，早升极乐。

而极少数难得的清醒的人，被教训过几次之后，晓得错了，是自己年轻不懂事。默默拜入少林门下，从此僧帽布衣，洗尽铅华。最后才有可能修得正果。

在打的这个比方中，去踢馆的武夫就是刚入市场的投资者，少林寺就是市场。不过至少去踢馆的多少是有两下子的。而我们的市场中，不知有多少大爷大妈，连广场舞都跳不利索，就敢去踢别人的馆！

当然，这里的“大爷大妈”只是一种象征，指的是那些不学无术的却又满怀着摸奖心理攻入少林寺的交易者，总觉得自己趁着人多能踢到少林寺方丈一脚或者顺走一座佛像，甚至幻想自己能占寺为王。

结果，受伤的总是自己。

所以，所谓交易者的成长，就是一个低下头颅，剃度成僧，挑水、劈柴、念经、修行的过程。

无论你在社会中平时是什么身份和地位，一旦进入市场，就没有什么尊严可言。这个市场不会有人拍你马屁，不会讨好你。这个市场只会教你做人！并且你要明白，你不可能和这个市场对着干，更不要有“战胜市场”这种幼稚的想法。

面对现实，你可能连你们隔壁邻居你都战胜不了。

在这个市场中，每一个想要成功的交易者，都必须历经磨难，度过一段迷惘又黑暗的岁月，迎来下一段迷惘又黑暗的岁月。直至被虐得体无完肤，甚至死亡。最后能战胜自己，涅槃重生的，寥寥无几。

你交易之前有这个心理准备吗？

目　录

第一章　技术分析精髓

第二章　交易思想与交易哲学

第三章　交易心态的修炼

第 一 章

技术分析精髓

对于我们普通人来说，基本面分析的担子太重，想着腰杆都痛。平时用来吹吹牛皮还可以，用来做交易？身板小的，别闪断腰！

第一节

基本面分析：担子太重

> 鸟翼系上了黄金，这鸟儿便永远不能再在天上翱翔了。
>
> ——泰戈尔《飞鸟集》

交易的分析手段分为两大类，基本面分析和技术分析。这里先说基本面分析。

一般来说，做基本面分析的瞧不起做技术分析的，做技术分析的觉得做基本面分析的脑子有问题。

虽然笔者用的是技术分析，但笔者从来不敢轻视做基本面分析的人。笔者不做基本面分析的原因恰恰很相反，做不了，太难。

基本面分析是什么？简单一句话概括：以判断金融市场未来走势为目标，对经济和政治数据的透彻分析。

过于详细的介绍就不在这里长篇大论了。这年头大家挺忙，太专业和枯燥的内容普遍会引起读者头晕、气短、打瞌睡等生理反应。所以，实在是想详细了解基本面分析的朋友，就请自己去买本专业书籍了解一下。

基本面分析要求搞懂的东西太多，从宏观到微观，从国际到国家到行业再到某个公司的标的等等。烦都烦死人。

但基本面分析从理论上来说，合情合理，说起来侃侃而谈，比技术分析听上去也更“高大上”，更容易让人信服，哪怕听不懂也觉得很牛。而市场里每天用来“讲故事”的素材大多数都来自基本面分析。中国有那么多的交易者，特别是被套的交易者，每天不听点“故事”，就感觉心里空荡荡的，晚上都睡不好觉。

而技术分析讲起来乏善可陈，每天、每周、每月都是那一套，天气预报都比它刺激，谁天天看？

这让那么多行走江湖混口饭吃的“分析师”怎么活？

可是，做交易，喜不喜欢和合不合适是两码事。和买鞋子是一个道理。

基本面分析，分析的是从各路收集来的资料。所有这些资料是否可信，这就很难说了。以上市公司为例，基本面分析就靠它网上公开的那些 F10 数据？

真是很傻很天真。

其实很多交易者还根本不看那些数据，看也看不懂。大多数交易者所谓的基本面分析其实就是“听消息”，听点那些电视网络上的财经消息就算了，最怕的就是那种神秘的“内幕消息”。这听上去好有吸引力，还有这么好的事情？都好到群发到你的手机上了。

先排除这种消息 99%的假的可能，就算是 1%的真消息。这个消息让你知道了——让你一个游荡在市场边缘的交易者都知道了，绝对不可能是二手消息了，恐怕已经都已经是二十手了。

但是，恰恰是很多用不实资料做基本面分析或者直接是听消息做交易的人，自称是“价值投资者”。而价值投资对他们而言，顾名思义是一个可能很漫长持有头寸的过程，根本没有止损的概念，只有把开始小小亏损变成大套牢之后，一些人才感觉似乎有哪里不对。

可是都已经套牢这么多了，当初小止损都下不去手，怎么可能有勇气大割肉？因此，干脆破罐子破摔，又回头死死抱着“价值投资”的“大腿”不放，慰藉自己这颗受伤的心。至少还可以在不懂行的人面前，昂首挺胸，把双手往身后一背，拽得跟个“老专家”似的，称自己是“价值投资者”。

反正自己账户盈亏上巨大的负数，别人看不见；反正自己在家盯着早已收盘的电脑屏幕嘴都合不拢的模样，别人也看不见。

奉劝这些捂着被套牢的头寸死死不放的“价值投资者”们，别动不动就说把问题交给时间来证明，事实上，时间才懒得理你们的这些烂摊子。

这里要特别提醒的是，几乎所有的交易者对价值投资都有相当程度的误解。别以为听个消息或者讲座就能自称“价值投资者”，那养条哈士奇能不能叫“与狼共舞”？

其实，在我们的市场，大多数人根本不存在价值投资的条件，那些所谓的价值投资，正确的叫法应该是“价值投机”。因为，大家都是在市场中赚取股票的差价，而不是直接参与公司的运营，获取分红，并且与公司共担债务等风险。

说到价值投资，就必须要说到价值投资的代表，巴菲特老爷爷。

人家是怎么做价值投资的？

若要控股某家上市公司或者参与公司今后的运营，会亲自委派专业的团队提前三到五年进入这个公司，就是光明正大地打入“敌人”内部做深入调查研究。

做完这些工作，还不一定就投资，就算投资后也可能因为种种原因，不一定赚钱。

这才是价值投资正确的打开方式。

一般交易者有这个实力能做价值投资？

人家上市公司让一般交易者进去做几年调研？

就算进去了，最多让你借个卫生间，撕人家几张卫生纸而已。

还指望公司能打开保险柜给你看账单？

你就算真看到了，你知道哪本是真账，哪本是假账？

实话实说，一般交易者能做的上市公司调研，就只能是天天搬张小板凳去别人公司门口坐着，和公司保安聊天打牌，或者时间久了，干脆就抢他们饭碗。

所以，基本面分析的理念是好的，价值投资的理论也是没有问题的。但是，真正的价值投资对于一般交易者来说，几乎没有实施的客观条件。

从个人能力上来说，有些搞一辈子经济研究工作的人，靠基本面分析都在市场亏得一塌糊涂，何况扳着手指头算该交多少水电煤气费的老百姓。

总之，对于我们普通人来说，基本面分析的担子太重，想着腰杆都痛。平时用来吹吹牛皮还可以，用来做交易？身板小的，别闪断腰！

信技术分析的人，看见市场走势图，心中想起技术分析的规则，让交易者明白哪里该进场，哪里该出场。了解若是止损，舍多少；止盈，得多少。在这未知的市场中，多一点敞亮，不再那么恐慌，内心也能产生些许的宁静。

第二节
技术分析：就是看图

> 眼睛的可贵，在于看山是山，看水是水，不要山水颠倒，或是将它们混成一团稀泥，那样上苍给我们眼睛的好意，就被辜负了。
>
> ——三毛《亲爱的三毛》

技术分析是什么？说白了就是看图！看市场的价格走势图。

看图很方便，电脑能上网就能看，手机上网也能看。没有电脑没手机，还可以搬张小板凳坐在交易大厅里面看。

看图人人平等，大户散户看的图一样，同一个标的，不可能你看今天是涨停，别人看今天是跌停，这东西没人能去造假。

所以，笔者选择技术分析，没有什么特别的原因，就是因为技术分析的门槛低。这就好像笔者当年考高中的时候，志愿就是填的家对面的一所中学，没有特别的原因，就是离家近。

如果说，既然大家看图都一样，那不是做的交易方向也就都一样吗？也没有那么简单，先找几张图给大家看看。

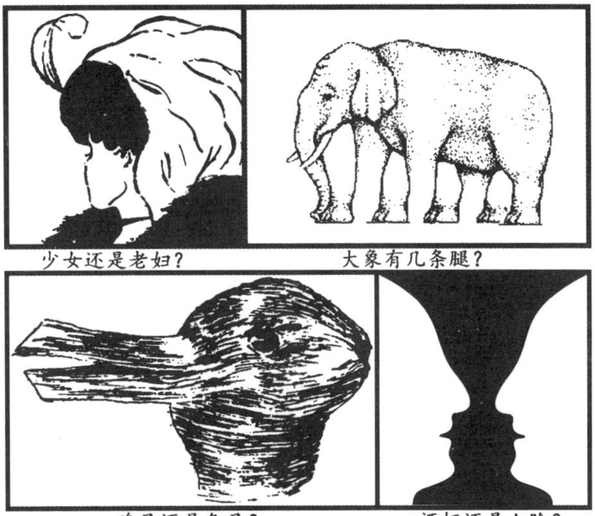

少女还是老妇？　大象有几条腿？

鸭子还是兔子？　酒杯还是人脸？

这就是为什么你在交易大厅随便找几个所谓的“技术分析派”的投资者出来，把他们集中到一个房间里，让他们看同一个标的价格走势图，也会有不同的声音。有人看涨，有人看跌，有人观望。并且，他们还能说出各自的理由。

因为，有人的地方就有分歧，有分歧才会有市场。仅仅是做技术分析的就能产生很大的争议，何况这个市场还充斥着各种“奇门异派”和“妖魔鬼怪”，能不热闹吗？

而市场的价格走势图在人们的眼中，远比这些有趣的图要复杂，因为人心复杂。

市场每一张走势图里都充斥着人们的贪婪、希望、恐惧，甚至是寄托着一些人的人生。正因为这样，哪怕简单清晰的走势图，在一些人眼中也会扭曲或者打上马赛克，使之看不到真相。大概对于一部分人来说，是不愿意看到真相。

技术分析，它并不是一门严谨的科学。说得好听一点，它是艺术。说得不好听，它是臆想，建立在历史经验总结之上的臆想。

但这种臆想并不丢人，它至少可以帮助我们把图重新变得简单清晰。

作为在进化过程中，不小心把大脑进化得过于发达的人类，面对未知的环境，臆想是大脑自然的产物。它能让人类做好准备抵御可能来到的威胁。而人们面对未知的市场，每天产生无数的臆想，就像看到美食会流口水的生理反应，再正常不过了。正因为有臆想，市场才有巨大的魅力，才能不断吸引无数的人来自投罗网。

从理论上来说，各种臆想在市场揭晓答案之前，没有对，也没有错，就像“薛定谔的猫”。

“薛定谔的猫”实验：在一个盒子里有一只猫，以及少量放射性物质。之后，有50%的概率放射性物质将会衰变并释放出毒气杀死这只猫，同时有50%的概率放射性物质不会衰变而猫将活下来。根据经典物理学，在盒子里必将发生这两个结果之一，而外部观测者只有打开盒子才能知道里面的结果。

那还搞啥分析？开盘直接闭着眼睛买卖不就行了？

其实，闭着眼睛买卖不是不可以，运气好，也可能赚到几次钱。但是，面对这样的交易，心里没有“底”。

对于交易者来说，要长期在市场中生存，心里这个“底”很重要！

什么是心里有“底”？

说白了就是心里要做好准备。能有一套自己的交易规则，做好何时进场与何时出场的准备。

心里的这个“底”虽然来源于臆想，但有系统的臆想，就可以演化成一种信仰。

市场如战场，是非常容易使人缺乏安全感的地方。按照心理学家马斯洛总结的“人类需要层次”，安全感的需要仅排在生存的需要之后，就是说人只要能将就地活着，就需要安全感。

马斯洛需求层次理论

那么，如何在市场得到安全感？大概有以下几种选择：

A. 只赚不亏（呵呵）。B. 离开市场。C. 寻求信仰。

选择 A 或者 B 的朋友，我们缘分到此结束。

选择 C 的朋友，我们继续看——信仰是什么？

归根结底，它是一种能让人不安的内心产生些许宁静的方法，而这种宁静能带来安全感。

信佛的人，面对佛像，心中想起佛经的低语，内心便会产生些许的宁静；

信耶稣的人，看见十字架，心中想起圣经的咏唱，内心便会产生些许的宁静；

而信技术分析的人，看见市场走势图，心中想起技术分析的规则，让交易者明白哪里该进场，哪里该出场。若是止损，舍多少；若是止盈，得多少。在这未知的市场中，多一点敞亮，不再那么恐慌，内心也能产生些许的宁静。

那么，技术分析也算是一种信仰。至少，是一种仅用于在市场交易中狭隘的信仰。

获得内心的宁静，非常重要，甚至比任何技术本身更加重要。

要在市场中要生存下去，最起码我们保证自己有一个正常的心态，是一个有安全感的正常人。

这不是开玩笑。因为缺乏长期安全感而抑郁、焦虑、狂躁、产生幻觉，甚至疯癫的人，在这个市场比比皆是。

每当想起，在市场中，你作为一个正常人，而对手有很多是可能是失了理智的莽夫，难道你内心能不油然而生一种优越感吗？

技术分析很简单，不是一些歪门邪道口中的“吸金大法”。它只是一种让交易者都可以复制的操作技术——如果一种操作技术不能被复制，那只能叫做运气。也是一种让交易者获得安全感的方法，让我们在市场学会保护自己，并且活下去。

因此，学不学技术分析，其实取决于你的内心是否已经足够强大。

如果你早已云淡风轻、荣辱不惊、看透生死。相信你来到这个市场，不需要学任何东西。毕竟，你这样的仙，盈亏完全不放在眼里，市场拿你一点办法都没有。那你还做什么交易？马路牙子一蹲，都有人给你上香捐钱。

市场只让那些在意它的人爱恨纠结，欲罢不能。

在很多人眼里，市场像一个“躁郁症”患者，时而郁郁寡欢，时而狂躁不已。

在市场中，我们总是想赚钱，但又害怕市场指不定什么时候会发病。但事实是，市场也从来没有病，往往有病的是我们自己。

有病就吃药。

在市场中，技术分析算是一剂能保护自己的良药。

后面的内容，会为大多数还在市场中不懂得保护自己的人，具体地说一下笔者所理解的狭隘的市场信仰——技术分析。不敢说能让大家赚多少钱，只但愿让其中一些人不安的内心，实实在在地得到一些宁静。

如果你心中早已有了更高的信仰，你就不必看了。因为，相信你能做得更好。

有些人就是要当自己是一个残废，一定要搞棍子杵着，一根还不够，搞个七八根，没地方杵了，头上再插两根，当避雷针。所以，满屏幕都是密密麻麻的技术分析指标，自以为是“独家秘诀”，其实在行家眼里就是一个小丑罢了。

第三节

技术分析指标：花里胡哨

从前的女人注重修养，现在的女人却只知道注重衣饰。她们还以为只要穿上花里胡哨的衣裳，戴满了头面首饰，就比一旁的女人身价高，理当比一旁的女人受到更大的尊敬了；其实她们忘了想一想，要是把一头驴子装扮起来，它的身上可以堆叠更多的东西呢，可是人家到底还是只把它看作一头驴子罢了。

——乔万尼·薄伽丘《十日谈》

正式谈技术分析之前，先聊一聊大家对技术分析的一个误区。

提到技术分析，很多人第一反应就是那些五花八门的技术分析指标。这也不怪大家，毕竟我们学习的环境是这样，一些还没入门的新手，刚想好好学习交易，就被一些“技术分析大师”拉偏了，至今还在那条研究“神奇的技术分析指标”的不归路上苟延残喘。

这也好理解，那些开课的人，不用一些花花绿绿的技术分析指标来标榜，真是很难吸引人来关注。

毕竟人性使然，谁不希望拥有一套看上去像那么回事还能一劳永逸的赚钱方法？

往往老老实实地说技术分析，感兴趣的人不会多，因为人天生不喜欢太实在的东西，总喜欢把事物包装起来，赋予一些神秘的色彩。

你以为我们人类穿衣服只是为了保暖？

如果这个世界所有人像动物一样都光着屁股在街上走，请相信，犹如身在一个巨大的公共澡堂，绝没有想象中那么美观。

衣服的包装，恰恰就赋予了人类可以遐想的神秘感。

大概几百万年前，地球上有很多人类的分支，比如：能人、尼安德特人、直立人、海德堡、佛罗勒斯人、鲍氏傍人等等。我们属于智人这一分支，目前我们所有的人类也都属于智人这一分支，其他的分支人类早已从地球上灭绝。论身体素质，相对我们差得很多，论智力，我们相对也不算最好，那为什么我们会最后存活下来了呢？

人类学家发现一个其中很重要的原因，就是我们智人会“画大饼”，就是说，我们会一种语言上的“包装”。我们除了会挑大伙爱听的说，还喜欢谈追求梦想，甚至谈一些虚无缥缈的东西。比如，去森林里面打猎，其他人类分支就会耿直地说去森林里面打猎，而我们智人可能会说，去森林里找仙女。

也许你对这种行为嗤之以鼻，但研究发现，这一点对于在原始的恶劣环境下生存下来非常重要。我们总是抱着希望努力寻求生存的可能，不断进取，相互鼓励，最终战胜所有的竞争者，在优胜劣汰的大自然环境中生存发展至今。

所以，只要你属于是智人的后代(你也不太可能属于其他人类的后代)，无论你承不承认，我们血液中，就喜欢听“好话”，就喜欢别人给我们“画大饼”，就喜欢那些被“包装”的东西，这是我们无法避免的弱点。因此，在我们的社会文明中，专门有这样的人，致力于“拍马屁”或者夸夸其谈给人们“画大饼”，就算没有什么真才实学，也可能活得很好。想必这种情况在其他人类分支的文明中，恐怕不会存在，这种不切实际的人，早就被两棒子敲晕了。

扯这么多，想说明的是，那些宣称能赚大钱的“神奇的技术分析指标”，就是一种“包装”，就是在给人们“画大饼”，还画的是天上掉下的那种“大馅饼”！所以，总会吸引人前赴后继地去学习。毕竟在家穿着睡衣在电脑上靠技术着指标买进卖出，就把钱赚了，实在是太吸引人！比森林里的仙女还要吸引人！

但市场是一名不讲情面的检测员，它的工作是撕破所有华丽的“包装”，去伪存真。再有梦想，再会拍马屁，再会“画大饼”，到市场中来都毫无用处，残酷的市场绝不和你搞这些虚头巴脑的东西。市场很少掉馅饼，更多的时候只会给大家一块实实在在难啃的“铁饼”！

我们总是憧憬美好的天性，对交易来说，简直是一剂慢性的毒药，最终死在它手上的人不计其数。

人的眼睛是黑的，心是红的，但有时候，眼睛一红，心也就黑了。这个市场有太多装神弄鬼的人，故意把交易搞得很神秘。把原本简单的交易，原本简单的技术分析，用各种花里胡哨的技术分析指标搞得乌烟瘴气！他们好从中浑水摸鱼，大肆敛财。

到头来，不仅把别人引上“歪路”，还把技术分析的名声搞臭了。好多人因此放弃技术分析，藐视技术分析。

那技术分析指标到底能不能用？

当然是可以的。技术分析指标是用数学计算的方式辅助我们量化分析市场的一种工具。就像拐杖一样，批量生产，帮助我们走路而已。

但只要你是一个健全会走路的人，有没有这根拐杖，其实问题都不大。可是，有些人就是要当自己是一个残废，一定要搞棍子杵着，一根还不够，搞个七八根，没地方杵了，头上再插两根，当避雷针。所以，满屏幕都是密密麻麻的技术分析指标，自以为是“独门武功”，其实在行家眼里就是一个小丑罢了。

其实有很多用技术分析指标的人，完全不懂技术分析指标的原理。“大师”怎么教他就怎么做，有一些技术分析指标同属一类，设计原理也差不多，挑一种参考一下就行了，他非要搞几个一起用，以为上了“多重保险”，最后搞得神经错乱。

另外，还有一些人，一会儿用这种技术分析指标，感觉不灵，一会儿又换另一种技术分析指标，感觉还是不灵，来来回回几十种，都不满意。得不到的永远在骚动，总幻想能找到一种百发百中的“神级指标”，从此平步青云，傲视群雄。于是埋头专研，最后抬头一看时间，半辈子都过去了，一事无成。

技术分析指标绝不是万能的，它的运用必须是建立在最基本的技术分析之上，是为市场价格走势图服务的。相当于拐杖是为双脚服务的一样。并且还要个人有目的性选择适合自己的拐杖。但就是有很多人连胯都没学会迈开，就开始摆弄拐杖，琢磨着如何靠拐杖一飞冲天！

希望每一个开始或者正在学习交易的人，都能老老实实地学着用自己的双脚，一步一个脚印地走路，花时间和精力，把最基础的技术分析彻底弄明白。

其实，这也就够了，够你在市场生存了。

安安稳稳走路的人，摔倒了，无所谓，能自己爬起来。至于那些自以为能在市场中飞奔的人，摔倒了，就不好说了。

一条有志向的大鱼，不可能总在小溪里面折腾，早晚要游到大江大河里面。

第四节

K 线技术：钻牛角尖

时间对于别出心裁的小花招，是最无情的。

——莫里斯蒂克斯坦

K 线，又称阴阳线，起源于日本，引入金融市场时间比较晚，但由于它比更早的竹线（美国线）更加清晰明了，现在被大多数市场所使用。

大家只要知道，它是一种目前市场价格走势的主流表现形式就够了。

除了各种技术分析指标以外，很多书在讲技术分析的时候，一开始就说 K 线，然后说一堆 K 线的组合之类的东西。看得出有些完全是在凑字数，东抄一点西抄一点。

在交易中，确实有不少人专门研究 K 线，还为某根 K 线或者几根

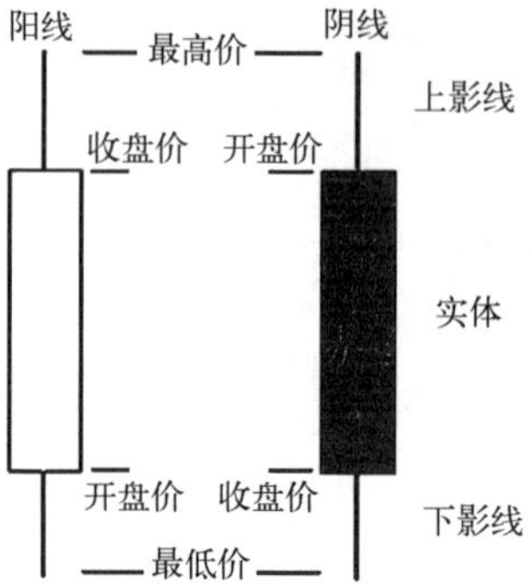

K 线组合起了一些诡异的名字，什么红三兵、黄昏之星、乌云盖顶等等。

说实话，第一次听到这些“专有名词”的时候，笔者的确有点怀疑人生，心里不禁感叹：“还有这种操作？”

一直在笔者心中“高大上”的交易事业，瞬间充满了乡土的气息。感觉就好像古典气派的纽约证券交易所门口，被人挂上了一坨坨香肠腊肉。

一根 K 线所包含的信息量是十分有限的。以股市日线来说，开盘到收盘几个小时，走成的模样能说明什么问题？如果再给它加一两个小时去走，样子可能又截然不同。那几根 K 线在一起，参考的信息量也就那么回事，如何能做好交易呢？

交易不要去钻牛角尖，眼睛不要总看到这一朝一夕的走势。

当然，你可以说你做的是短线。但可以负责地告诉大家，越短时间的交易，它的走势越不稳定，机会看似虽多，但成功率却低。短线不适合绝大多数交易者，做短线能一直都稳定盈利的人极少。很多做短线的专业交易人员，只是为了训练，最终都要回归到比较长的趋势中去的。

就像一条有志向的大鱼，不可能总在小溪里面折腾，早晚要游到大江大河里面。

所以，以一根或者几根 K 线组合为依据去做交易，格局太小，不确定的因素太多。笔者能力有限，脸皮也薄，没有勇气在这个层面就开始对大家侃侃而谈。

用一句电视剧中的台词：“臣妾做不到啊！”

市场行为包容消化一切，是技术分析能建立起来的前提。有了它，技术分析就可以作为一种“两耳不闻窗外事，一心只读走势图”的独立分析手段来运用。

第五节

技术分析三大公理之一：市场行为包容消化一切

> 在一秒钟内看到本质的人和花半辈子也看不清一件事本质的人，自然是不一样的命运。
>
> ——马里奥·普佐《教父》

技术分析三大公理的这第一条，就正面怼了基本面分析。意思是说，无论是什么大道新闻，还是小道消息，不用听风就是雨，也不用纠结它的真假，市场会消化掉所有这些，把它变为冷冰冰的走势图。

打个比方，你怀疑自己心脏有什么问题，有点担心，就上网查，结果答案是五花八门、稀奇古怪，甚至有网友说你是心癌(没有这种病)，使你更加担惊受怕。

所以，你最好别去乱打听，老老实实地去医院做个心电图。心电图就会把你目前心脏的状况，用图表的形式客观地表现出来。

心电图和市场走势图是一样的道理。

再打个比方，你听说某皮革厂公司老总卷款带着小姨子跑路。你也不用跟着瞎起哄，因为他们公司的股价会消化一切信息，以图表的形式表现出来。这对技术分析者而言，看图表就够了。我们根本没有必要知道这个消息到底是不是真的。

我们不是八卦的搬运工，甚至不用打听八卦。

市场行为包容消化一切，是技术分析能建立起来的前提。有了它，技术分析就可以作为一种“两耳不闻窗外事，一心只读走势图”的独立分析手段来运用。

而事实上，也是由于市场价格涨跌背后的原因实在太过于复杂，我们既没有必要也没有能力追究每一笔买卖背后的原因。

有可能别人就是因为手一抖敲错电脑键盘做了一笔交易而已。

所以，技术分析索性化繁为简，无视市场价格背后变化的原因，直接把精力放在研究图表上，快刀斩乱麻，反而干脆利落！且简单实用，老少咸宜！

交易是一场马拉松，不是百米赛跑。你们见过谁在马拉松赛场上用百米冲刺速度赛跑的？那样很容易猝死！

第六节

技术分析三大公理之二：价格是以趋势的方式运行的

> 滚滚长江东逝水，浪花淘尽英雄。是非成败转头空。青山依旧在，几度夕阳红。
>
> 白发渔樵江渚上，惯看秋月春风。一壶浊酒喜相逢。古今多少事，都付笑谈中。
>
> ——杨慎《临江仙·滚滚长江东逝水》

有人说，交易就是赌博。这大概是亏了钱的人的气话。笔者认为，赌博相较于交易，只能算是低级趣味！因为赌博赚钱靠运气，交易赚钱靠趋势，这是赌博和交易的最大区别。

什么是趋势？

说通俗点，趋势就是市场一根筋地朝一个方向走。

市场只要能交易，买方和卖方就不可能一直打成平手，总会一方有暂时的优势，这必然就会形成趋势。只是趋势持续的时间长短有区别而已。

从时间上来说，大到几年小到几天甚至几分钟，理论上都可以算作趋势。但在日常交易中，我们更需要关注那些比较大的趋势。因为大的趋势像那“滚滚长江东逝水”，方向明确，气势宏大，改变起来费时费力；小的趋势便是长江上激起的浪花，随机性强，稍纵即逝，难以捕捉。所以，词中都是“浪花淘尽英雄”——英雄往往都死在了过于关注小趋势的“浪花”上！

那趋势就是朝着一个方向一路狂奔吗？

交易是一场马拉松，不是百米赛跑。你们见过谁在马拉松赛场上用百米冲刺速度赛跑的？那样很容易猝死！

一个优秀的马拉松运动员，必然有他自己跑步的节奏，步伐不急不缓。一段健康的趋势，也有它自己运行的节奏，一般我们把它运行的节奏分为：主要趋势和次要趋势。

以股票市场为例。一开始有只股票傻不拉几在那里，没有人买卖，价格也就没有什么变化。突然有一天，不知道什么原因，来了一些人关注它，它的成交量就开始增加，经过一段时间的博弈，其中某天买方的力量大大超过卖方的力量，这就形成了向上突破——上升趋势的苗头。

人都是跟风的，资金皆是逐利的。趋势一旦有开始形成的迹象，就会吸引更多的人来参与，趋势在这个过程中可能就会慢慢变得更加巩固（当然，有可能夭折）。如果这个上升趋势健康成长，那就形成了主要趋势和次要趋势。

如图 1-1 所示，主要趋势就像交易者万众一心用一坨坨钞票筑起的“城墙”，防御力强。但这期间，时不时总会有外来的“入侵者”或者内部的“叛徒”，试图攻陷这座“城墙”，他们造成的影响就形成了次要趋势。

次要趋势的走势方向与主要趋势相反。次要趋势并非洪水猛兽，它恰恰能给市场注入新的血液，让市场更加活跃，使加入这场“攻守战”的人越来越多，趋势也更加健康。

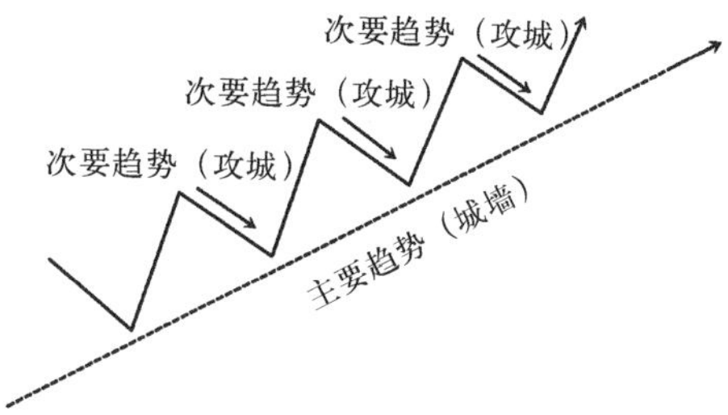

图 1-1　主要趋势与次要趋势

可是，就算是再强大的主要趋势“城墙”也有土崩瓦解的一天。

如图 1-2 所示，一旦攻打城墙的外来“入侵者”或者带着资金离场的“叛徒”力量过强，那就会导致一起修建城墙保卫趋势的人们利润大幅缩水，开始丧失信心。于是，主要趋势逐渐衰竭，最后终究难逃城破的命运。城墙上没有来得及跑的人，自然也就成了陪葬。

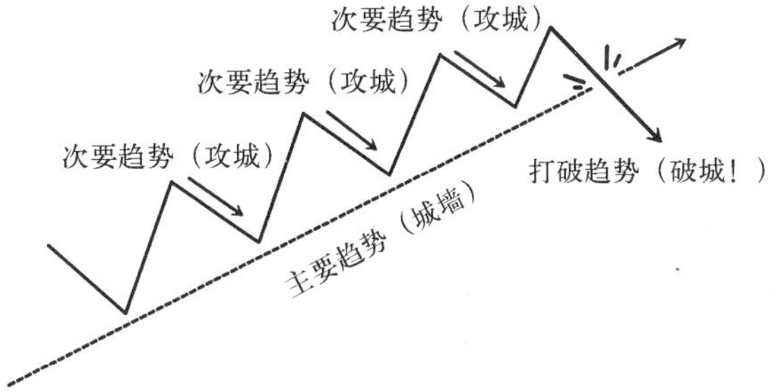

图 1-2　主要趋势被打破

和以往我们的价值观不同，市场中最后这些所谓的“护城英雄”并不光荣，反而是一种耻辱。因为他们只是抱着侥幸的心理，期待被打破的城墙后面又能继续修复起来，趋势能够延续。

虽然这不是没有可能，但在这个市场只有跟随健康的趋势，并且懂得应变的人，才能长久地活下去，成为最终的赢家。

而这个做赢家的过程，用的就是技术分析中赚钱的最佳方式——趋势交易。

这个市场的走势也从来不会简单重复，就像《聊斋》中的《画皮》那个妖怪，每次都是他，但每次脸嘴都不同。

第七节

技术分析三大公理之三：历史会重演

> 在华尔街，根本没有什么新鲜事，投机是人类的天性，而投机事业更是像山岳一样古老。股市上的事，今天发生的，过去必然发生过，而且将来也肯定会再次发生。
>
> ——爱德温·李费佛《股票大作手回忆录》

技术分析认为，这个市场涨久必跌，跌久必涨，周而复始几百年，如图 1-3 所示，从来没有新鲜事儿。

但这个市场的走势也从来不会简单重复，就像《聊斋》中的《画皮》那个妖怪，每次都是他，但每次脸嘴都不同。

我们只需要了解这个妖怪的本来面目就够了，剩下的交给时间，有趋势就跟，没趋势就歇。这就是我们学习技术分析最终要做的

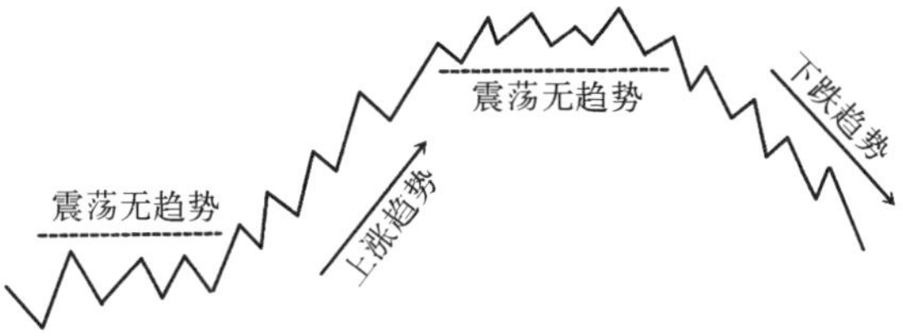

图 1-3　市场走势规律概括

事情。

说起来很简单啊，可新手往往定力不够，总是被这个妖怪画出的美女皮勾引，弄得自己五迷三道的。等清醒过来的时候，发现自己早已偏离了趋势，甚至有的人已经横尸荒野了。

最后，顺便提一点相关的话题，但可能要得罪一些人。

本来简简单单的价格走势的起伏和趋势变化，却总被一些人打着堂而皇之的旗号去宣扬一些莫名其妙的交易技术，举个最具代表性的例子——被《波浪理论》的信徒们拿去数浪。市场走成什么样是可以预测的？它一定按照什么 1、2、3、4、5、a、b、c 等浪运行吗？这也太瞧不起市场了吧！把市场想得也太没有个性了吧。

王尔德说："只有无聊的人才会把早餐吃出花样来。"

如果《波浪理论》的笔者艾略特活到现在，知道有人把他当初在疗养之际，受到《道氏理论》的启迪，为了打发时间"意淫"出来的一些关于道琼斯工业指数走势规律的草稿纸归纳成书，当成"交易秘籍"大肆宣扬，并且有了相当规模的"粉丝"，不知他作何感想？会不会受宠若惊或者愧不敢当。毕竟，艾略特本人此生从来没有到市场做过交易，他只随便那么一写，有的人就当回事了。

人的一切痛苦的根源是无知。

古时候，人们不知道老天为什么要打雷下雨，就创造出了"雷神"和"雨神"供奉祭拜；市场中，人们不知道为什么价格要上下起伏，就要创造个"浪神"，数浪算浪，乐此不疲。浪哩个浪，做个交易，真是"浪"啊！

我们总是要对自己无法理解的事物，找一个合理的解释，以慰藉我们的焦虑和无助。哪怕这个解释是多么的可笑，也聊胜于无，总有人信。

更可气的是，似乎每个行业都有这样人存在。总喜欢趟浑水，从而浑水摸鱼。他自己可能不信这套，却利用此事大做文章，把明明简单的道理，搞得玄之又玄。使得本来无知的人们，更加无知。

建议大家对这样的“老鼠屎”，能用白眼回应的时候，就尽量不要开口说话。

我们要知道，任何看似复杂的事情，本质都是简单的。

往往那些把事情弄得花里胡哨的人，要不就是吃饱了撑的，要不就是居心叵测。希望每一个人都多一点明辨是非的能力，虽然不太可能，但多一点算一点吧。

下面正式开始讲技术分析。为了方便讲解，下面的图，就用最简单直线线段来表示。

先说最基本的两个图，上升趋势和下降趋势：

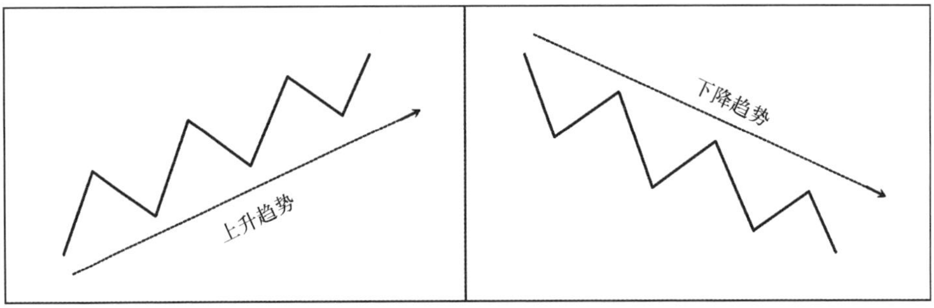

图 1-4　上升趋势和下降趋势

懂点基本知识的人看到图 1-4 的两个图也许就有点不耐烦了。有这两个图的到处都是，认为笔者在浪费时间，欺骗大家感情。

确实，这两个图实在是太基础了，但依然要说。正因为它太基础，所以才太重要。

人不要总是在把最好的东西糟蹋之后，再感慨人生若只如初见。

笔者不知道自己天资愚笨还是什么，竟然在市场中混迹好几年，回头再看，才好像真正理解了这两个图的意思。并且发现市场所有的走势图都是从这两个图衍生而来的。

所以，你也可以把这两个图一个当成技术分析的亚当，一个当成技术分析的夏娃，而市场就是他们的“伊甸园”。

接下来只需要弄明白，亚当和夏娃如何在他们的伊甸园中幸福生活就可以了。

所有的市场走势图都是从上升趋势和下降趋势衍生而来的，你可以把它们一个当成亚当，一个当成夏娃。

第八节

上升趋势：递增！

为了照顾市场中绝大多数炒股的朋友，我们主要先以上升趋势图做详细讲解。

如图 1-5 所示，上升趋势形成的条件一：A1<A2<A3。就是说，在一段上升趋势中，新的一个波段高点，必须比上一个波段高点要高，比如 A2 大于 A1。

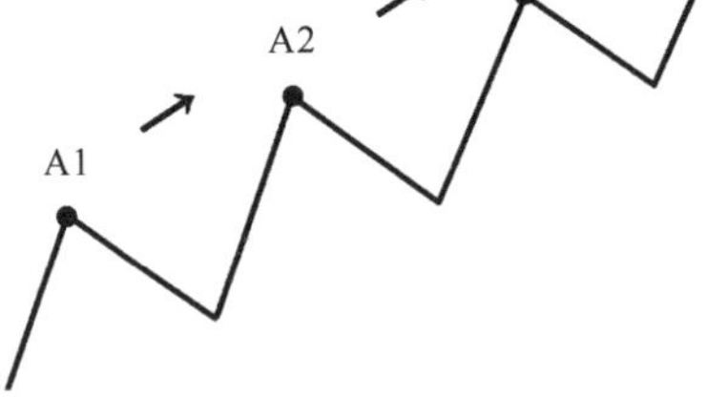

图 1-5　定义上升趋势条件一

如图 1-6 所示，上升趋势形成的条件二：B1<B2<B3。就是说，在一段上升趋势中，新的一个波段低点，必须比上一个波段低点要高，比如 B2 大于 B1。

上升趋势 = 条件一 + 条件二（缺一不可）

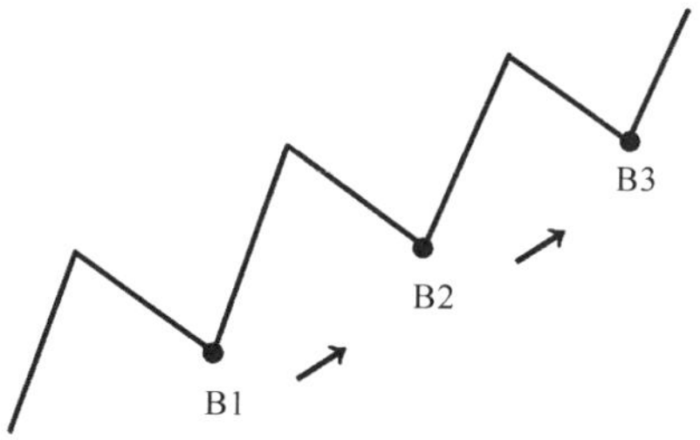

图 1-6　定义上升趋势条件二

简单总结说来，就是两个字：递增！波段高点和低点都要递增！

也就是说，起码有两个递增的波段高点和两个递增的波段低点才能组成一个最简单的上升趋势。

上升趋势，是趋势交易者炒股或者做多要持有的走势，而且是唯一要持有头寸的走势！

大家一定要牢牢记住构成上升趋势这两个条件，这两个条件对之后的讲解很重要。

那我们发现一段上升趋势，我们该如何进场呢？

理论上来说，在一段正常的上升趋势中，你何时进场做多都是对的！

但为了方便起见，这里还是要说两种最主流的进场做多方式：

上升趋势的条件一是高点递增。因此，如图 1-7 所示，条件一衍生出的突破前期高点进场的方法被广泛运用。比如，在一段正常的上升趋势中，A1 是前个波段的高点，有一天走势最好能在成交量放大的配合下，价格上涨突破 A1 的时候入场。

此入场法的好处是存在一致性，好掌握，突破所带来的力量大，最大程度地符合了顺势而为的要求；不足就是进场点价位较高，如果走势不流畅，遇到回调幅度过大，常常被止损，心理压力较大。经常会碰到大家常常说的“买在最高点，卖在最低点”。

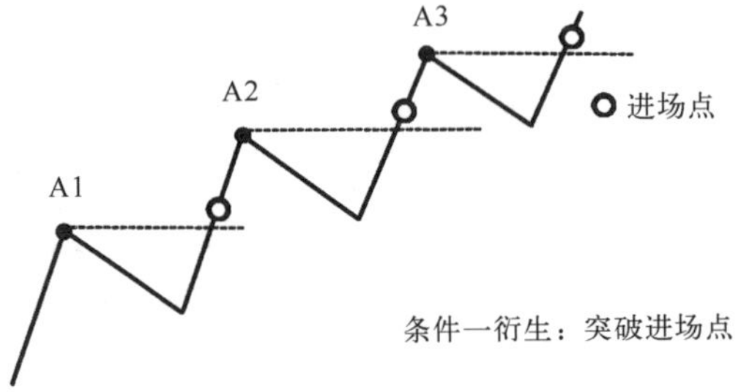

图 1-7　上升趋势之突破进场点

上升趋势的条件二是低点递增。因此，如图 1-8 所示，市场中也有不少交易者喜欢做回调进场。就是在次级趋势中，以没有跌破前一个波段低点为前提，遇到走势拐头继续上升的时候进场。比如，B1 是前期波段的一个低点，走势走到 B2 的位置，没有跌破 B1，这时候，最好能在成交量放大的配合下，走势开始有力拐头的时候入场。

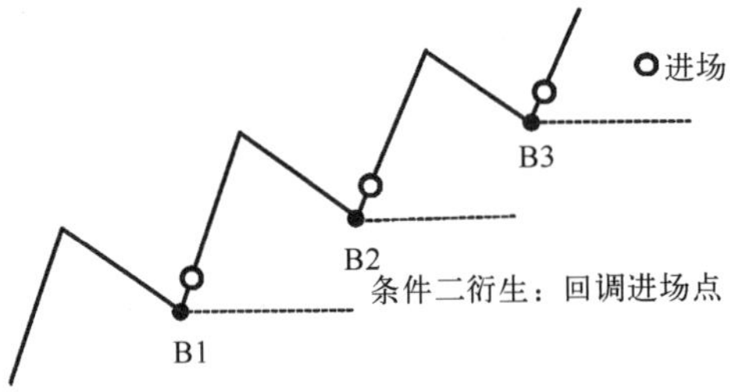

图 1-8　上升趋势之回调进场点

此入场法的好处是成本价位较低，如果遇到之后的走势按照原有主要趋势继续上行，很容易就获利，心态比较轻松，止损位相对清晰；不足就是进场点力量较弱，每次回调点不固定，可能需要多次进场试错，不好掌握。如果遇到一波强势的上涨，不做回调，也很容易错过一波趋势上涨的机会。

有进场自然就有出场。

很多新手做交易感觉进场容易出场难，特别是账面上有盈利的时候，心里就慌，比账面上亏损了还要慌。验证了“人只有享不了的福，没有吃不了的苦”这句老话。

其实，大家要明白，在一段正常的上升趋势中，你如果是持有股票或者多单，你在哪里出场都算是提前出场！但如果不提前出场，有时候到手的利润又有可能大幅缩水，是不是很纠结。

这还是要根据个人性格而定。有些人比较会投机取巧，会用自己习惯的方式判定一段趋势中最流畅的部分，比如用均线、趋势线、某种指标等等，后面还会具体提到。一旦出现走势不流畅就赶紧出场落袋为安。这种出场方式既然是提前“下车”，就必须要有“后手”，也就是要有对应能重新“上车”的方法；而有些人比较耿直，一段趋势一定要拿到结束才会死心出场。

这两种出场方式都没有问题，且各有利弊。

我们这里只以上升趋势的两大构成条件衍生的做多出场点为例来讲解。

上升趋势的条件一是高点递增。当行情走势遇到不能再创新高的情况，也就是感觉上涨乏力拐头的时候，就可以出场。

如图 1-9 所示，A3 是前一个波段的高点，之后走势没有涨过 A3，我们可以在走势开始拐头向下的时候出场。

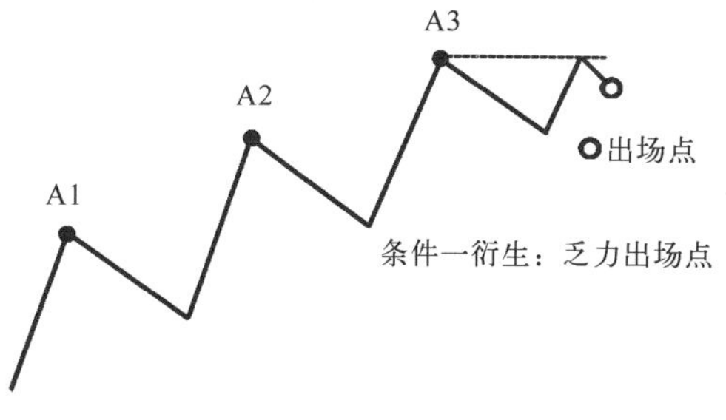

图 1-9　上升趋势之乏力出场点

这种方式是在上升趋势有可能出问题的初期就出场，把风险最小化。出场之后，如果后期走势依然没有破前一个波段低点，可以在走势拐头或者重新创新高的时候多单再次尝试进场，记得设好对应的止损点（具体请参考上面上升趋势的两个进场点）。

上升趋势的条件二是低点递增。当上升趋势的前一个波段的低点被跌穿，就必须出场。如图 1-10 所示，B3 是前一个波段的低点，之后有一天走势突然跌破 B3，我们就必须出场。

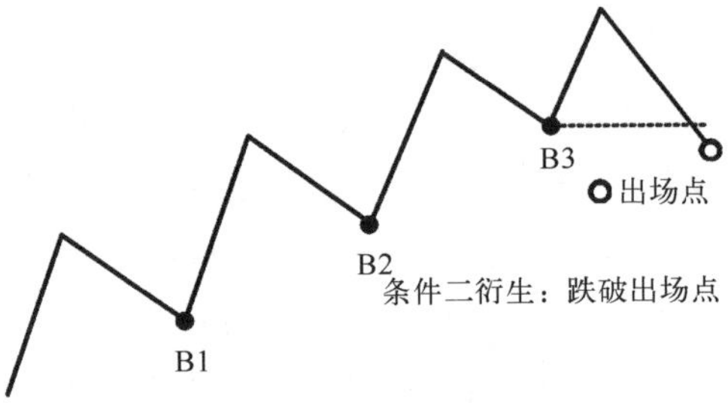

图 1-10　上升趋势之跌破出场点

在这里，要特别提醒一下，如果是持有多单或者股票，这是我们最后的出场点！因为，理论上这段上升趋势已经被破坏，这段上升趋势已经结束了。这里甚至可以视作一个尝试做空的入场点。

至于之后的走势能不能再形成一个新的上升趋势，谁也预测不了。如果之后有新的上涨趋势产生，再重新进场做多就是了。

不要抱着侥幸的心理舍不得出场。如果运气不好，市场从此就一直下跌呢？不要因为当时一个下不了的小决心，使自己的利润被侵蚀，甚至发生亏损。甘心吗？

所以，在这趋势已被破坏的地方还不舍得出场的人，也许和优秀的交易者之间就差这么一个决心。看上去近在咫尺，但对很多人来说却是遥不可及。

＊以上所提到的止损，我们会在后面的章节详细说明。

第九节

下降趋势：递减！

上升趋势的讲解先告一个段落，下面简要地说说下降趋势。

虽然下降趋势只是上升趋势反过来而已，但还是写出来严谨一些。特别对于多空双向交易的朋友来说，也是非常有必要的。

如图 1-11 所示，下降趋势的条件一：C1>C2>C3。就是说，在一段下降趋势中，新的一个波段低点，必须比上一个波段低点要低，比如 C2 低于 C1。

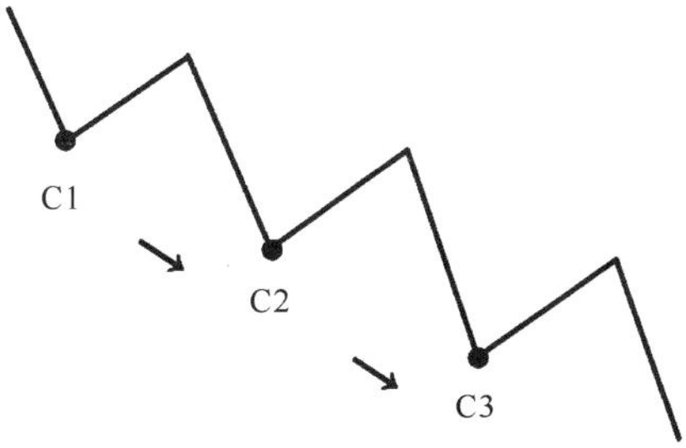

图 1-11　定义下降趋势条件一

如图 1-12 所示，下降趋势的条件二：D1>D2>D3。就是说，在一段下降趋势中，新的一个波段高点，必须比上一个波段高点要低，比如 D2 低于 D1。

下降趋势 = 条件一 + 条件二（缺一不可）

简单总结，就是两个字：递减！波段高点和低点都要递减！

也就是说，起码有两个递减的波段低点和两个递减的波段的高

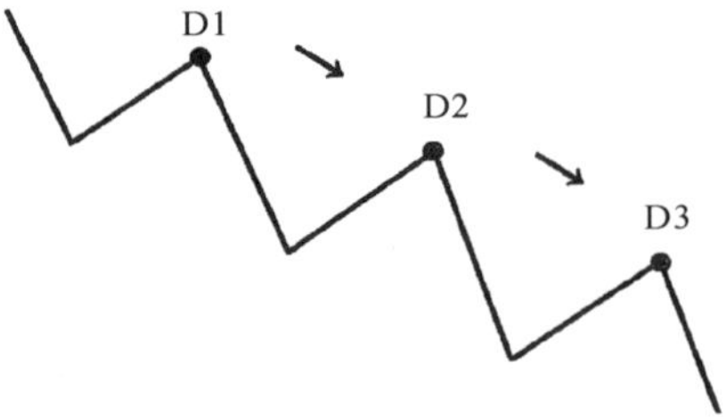

图 1-12 定义下降趋势条件一

点，才能组成一个最简单的下降趋势。

下降趋势，是趋势交易者做空要持有头寸的走势，而且是唯一要持有的走势。

至于炒股嘛，一定要规避这样的走势，躲得越远越好，千万不要相信下降趋势中的每一个小反弹。

理论上来说，在一段正常的下降趋势中，你何时进场做空都没错！

下面介绍两种最主流的进场做空方式：

下降趋势的条件一是：低点递减。因此，如图 1-13 所示，条件一衍生出的突破前期低点的进场方法被广泛运用。比如，在一段正常的下降趋势中，C1 是前个波段的低点，有一天价格最好能在成交量放大的配合下价格跌破 C1 的时候入场。

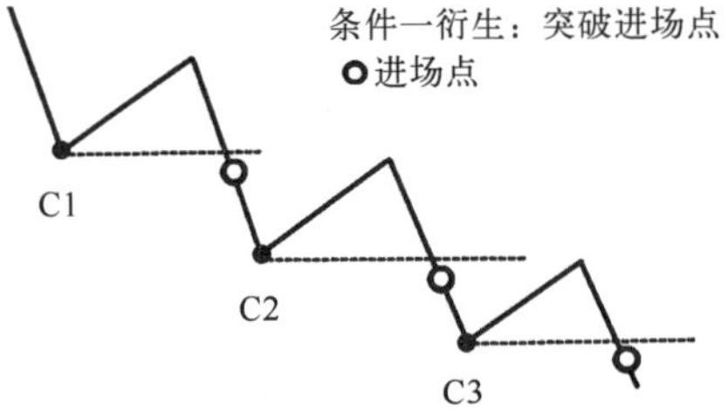

图 1-13 下降趋势之突破进场点

此进场法的好处的是进场点一致，好掌握，突破所带来的力量大，最大程度地符合了顺势而为的要求；不足是进场点价位较低，如果走势不流畅，遇到回调的幅度过大，常常被止损，心理压力较大。

下降趋势的条件二是：高点递减。如图 1-14 所示，市场中也有不少交易者喜欢在回调时进场。就是在次级趋势中，以没有涨破前一个波段高点为前提，遇到走势拐头继续下降的时候进场。比如，D1 是前期波段的一个高点，走势走到 D2 的位置，没有涨破 D1，这时候，最好能在成交量放大的配合下，走势开始拐头向下的时候入场。

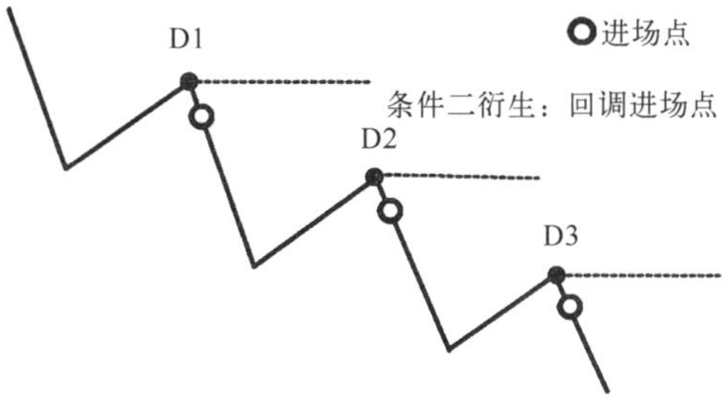

图 1-14　下降趋势之回调进场点

此入场法的好处是成本价位较高，如果遇到之后的走势按照原有主要趋势继续下行，很容易就获利，心态比较轻松，止损位相对清晰；不足就是进场点力量较弱，每次回调点不是固定的，可能需要多次进场试错，不好掌握。如果遇到一波强势的下跌，不做回调，也很容易错过一波趋势的机会。

接着说出场点。

在一段正常的下降趋势中，你如果是持有空单，你在哪里出场都算是提前出场。前面也说过，为了最大程度的保住盈利，出场方式有很多，根据个人习惯而定。

这里还是重点说两种构成下降趋势的条件衍生出的做空出场点：

下降趋势的条件一是：低点递减。当遇到不能再创新低的情况，也就是感觉走势下跌乏力拐头的时候，就可以出场。如图 1-15 所示，C3 是前一个波段的低点，之后走势没有跌过 C3，就开始拐头向上，我们就可以视为本出场点。

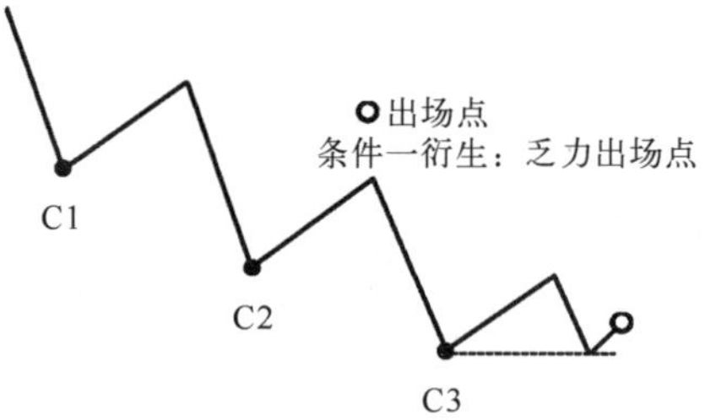

图 1-15　下降趋势之乏力出场点

这种方式是在下降趋势有可能出问题的初期就出场，把风险最小化。出场之后，如果后期走势依然没有涨破前一个波段高点，可以在走势拐头或者重新创新低突破的时候，空单再次尝试进场，记得设好对应的止损点(具体请参考上面下降趋势的两个进场点)。

下降趋势的条件二是：高点递减。当下降趋势的前一个波段的高点被涨穿，就必须出场。如图 1-16 所示，D3 是前一个波段的高点，之后有一天走势涨破 D3，我们就必须出场。

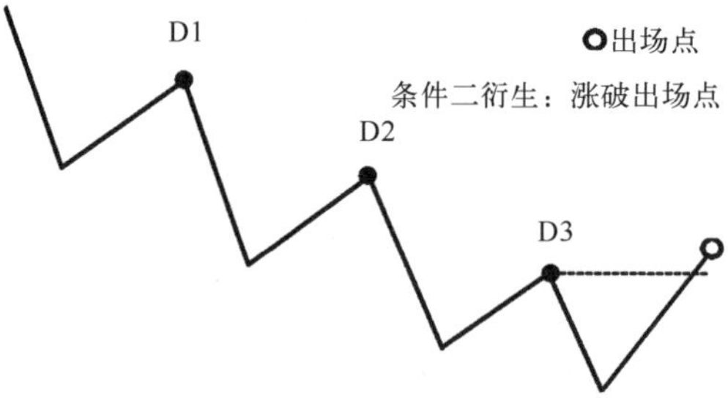

图 1-16　下降趋势之涨破出场点

在这里，要特别提醒一下，如果是持有空单，这里是我们最后的出场点。因为，理论上这段下降趋势已经被破坏，这段下降趋势已经结束了。这里甚至可以视作一个尝试做多的入场点。

至于之后的走势能不能在再形成一个新的下降趋势，谁也预测不了。如果之后有新的下降趋势产生，再重新进场做空就是了。

＊以上所提到的止损，我们会在后面的章节详细说明。

对于趋势交易者来说，趋势行情就像自家的孩子，怎么看都喜欢。而无趋势就像仇人家的孩子，模样能有千千万，但每一种都觉得不好看。

第十节

无趋势：除了上升趋势和下降趋势

介绍了上升趋势和下降趋势，我们开始说无趋势，或者称之为震荡势。

听到无趋势或者震荡势，很多人脑中会出现如图 1-17 所示的图形：

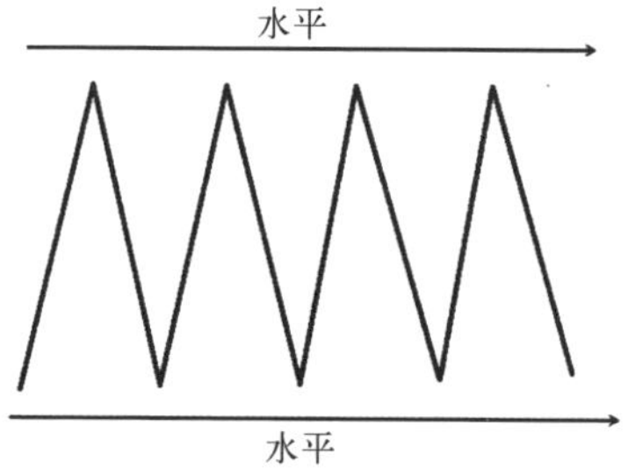

图 1-17　水平无趋势

这当然是最标准的无趋势。但市场很少走得这么标准，对大多数初学者来说，市场走势很多时候都是杂乱无章的。所以，在此要特别强调一点：市场走势中，除了上升趋势和下降趋势，都视作无趋势！

这样一说，大家是不是就比较好分辨了。反正就是没有同时满足上升趋势的两大条件或者下降趋势的两大条件的走势，都叫无趋势。当你把上升趋势和下降趋势都烂熟于心之后，只要你看不懂的走势，都可以视作无趋势。

有了这个前提，无趋势的样子就非常好推出来了。如图 1-18 所示，举几个无趋势的图给大家看看(√代表趋势，×代表无趋势)。

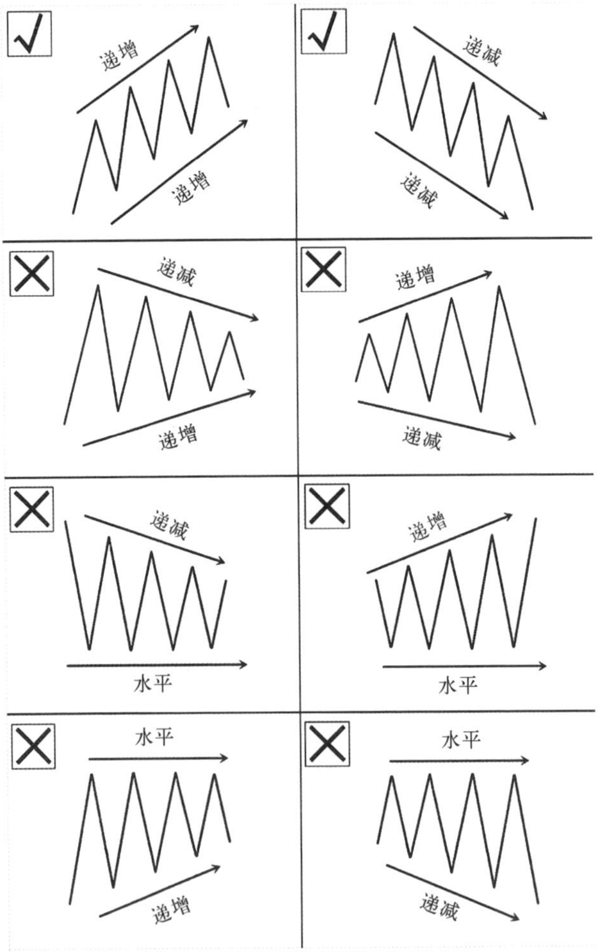

图 1-18　有趋势与无趋势的区别

这些无趋势的图，只是一些最典型的代表，市场走势远比这些复杂。但再复杂我们也不怕，我们只需要了解上升趋势和下降趋势就行了，其他完全可以无视。

既然说市场除了趋势就是无趋势，那么打开电脑看看各个市场走势的图表，大家是不是会发现，市场中走势到处都是无趋势。

一般来说，市场中大多数时间，都是无趋势状态，上升趋势或者下降趋势占的比例相对较少。

如前所述，如果说上升趋势和下降趋势是亚当和夏娃，那么，无趋势就是诱惑亚当和夏娃偷吃禁果的那条毒蛇！不断诱惑着交易者进场交易。因此，无趋势的时候，我们唯一要做的就是，不做任何交易，持币在场外耐心等待，拒绝诱惑！

所以，很多成功的交易者，他们说得最多成功秘诀之一，就是耐心。具体的意思就是，无趋势的时候耐心等待，有趋势的时候顺着趋势的方向耐心持有头寸，就这么简单。

为什么无趋势的时候不做交易？

因为无趋势就是随机的走势，种类繁多，规律很难把握。我们没有必要用自己的血汗钱投入到这种不按套路出牌的市场走势中去。而趋势是固定走势，不仅容易分辨，易于掌握，更重要的是，利润增长也最迅捷。像游泳时想要游得快，借助潮汐的力量要比我们用手划水效果好的多。

所以，对于趋势交易者来说，趋势行情就像自家的孩子，怎么看都喜欢。而无趋势就像仇人家的孩子，模样能有千千万，但每一种都觉得不好看。

在这里要特别说明一下，如果你只做上升趋势(比如炒股)，那你可以把上升趋势以外的走势(包括下降趋势)都看作无趋势，都不做交易。这虽然不算很客观，但对于单边市场的交易者来说，效果还是不错的。

反过来说，如果你此生立志要做个大空头，或者你的公司属于专业做空的公司(国际上有这样的公司)，你只做下降趋势，那你可以把下降趋势以外的走势(包括上升趋势)都看作无趋势，都不参与。

无论是什么趋势，被打破以后，我们都无法预测它下一步终究是选择三个之中的哪一个继续走。

第十一节

趋势的转变：旧的不破，新的不来

虽然对于初学者，笔者还是建议是在趋势形成以后，再找机会入场。也就是前面介绍的两种入场方法。但以人喜欢贪图便宜的心理而言，大家更愿意在趋势的初期就进场。毕竟，等到趋势形成以后再进场，让很多人认为“不划算”，开仓也就犹犹豫豫的。有的趋势更是一开始就很生猛，根本不怎么回调，对于一些还不够淡定的朋友来说，如果错过了，比让他亏钱还难受。

虽然盲目抄底摸顶是不可行的，但是在趋势初期就建立头寸，尝试进场，还是可行的。这算是“非盲目”的抄底摸顶方法吧。

那么，如何在一段趋势成形的初期就尝试进场呢？

前面我们把市场走势分为了上升趋势、下降趋势和无趋势。反正，市场的走势就是在有趋势和无趋势中来回倒腾，不是有趋势就是无趋势。因此，我们可以得出一个有点废话的结论，如图 1-19 所示。

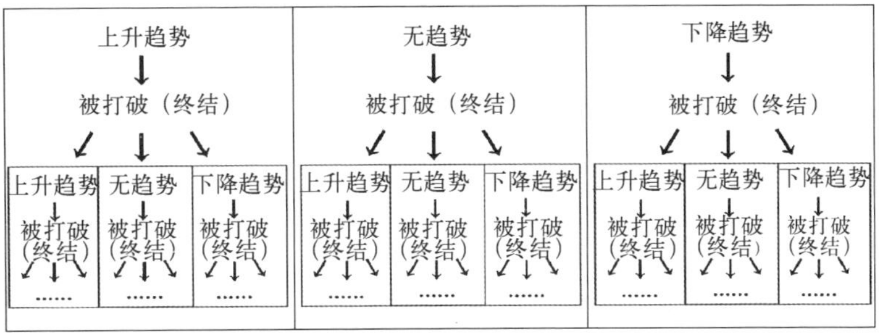

图 1-19　图趋势间的转化

总之，这是个简单逻辑是个无限循环的过程。

不过，无论是有趋势还是无趋势，被打破以后，我们都无法预测它下一步终究是选择三种之中的哪一种趋势继续走。

说这些，和趋势初期入场有什么关系呢?

笔者想让大家知道，新的一段(无)趋势形成的标志，就是上一段(无)趋势被打破的时候。也就是说，我们如果想在一段趋势形成的初期就入场，就必须抓住上一段(无)趋势行情被打破的时机，如图1-20所示。

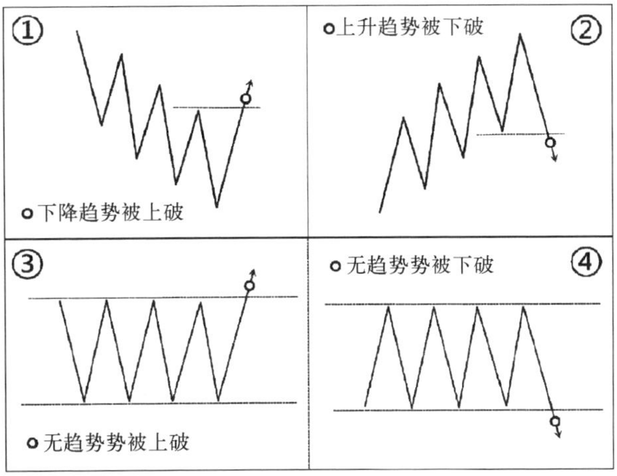

图 1-20　趋势变化的初期

＊为了便于说明，无趋势统一采用最标准的“水平无趋势”走势来举例。

一般来说，走势朝什么方向突破，我们就跟着朝什么方向去做(股票只能按照1图和3图买入做多)。因为，理论上能把原有趋势打破的一方，它的力量更强。

当然，虽然入场时机抓住了，但后面的这段新的走势，不一定就能随着你预想的方向走。按照刚介绍的理论来说，后面新的走势依然还是三种都有可能：上升趋势、下降趋势、无趋势。

如图1-21、图1-22、图1-23和图1-24所示，我们具体看看有可能的走势图(√代表按照突破方向顺利形成趋势，×则不然)。

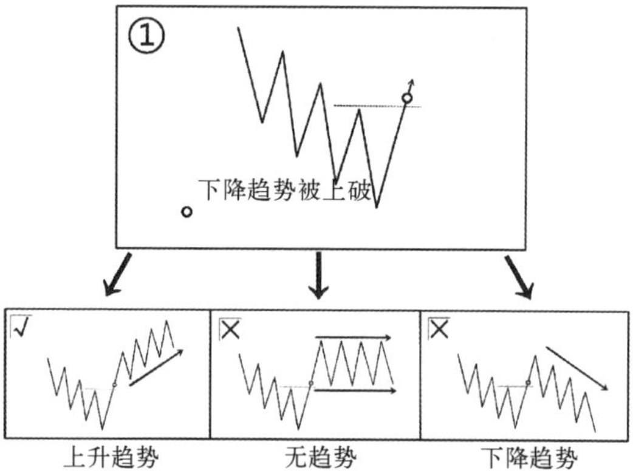

图1-21　下降趋势被上破后的走势

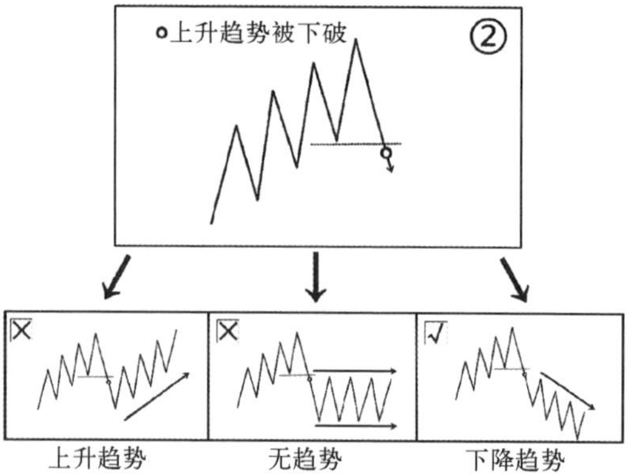

图1-22　上升趋势被下破后的走势

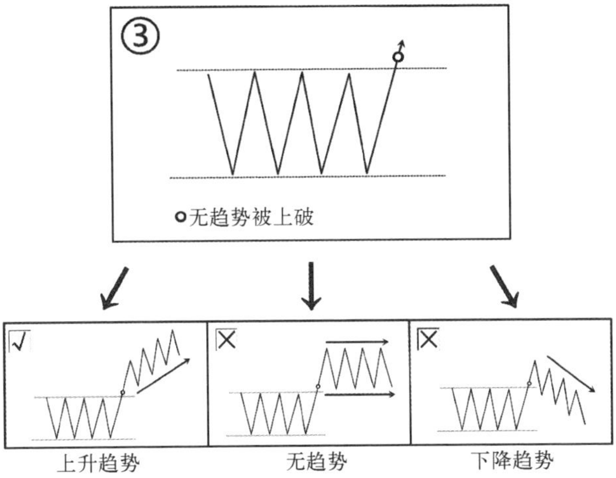

图 1-23　无趋势被上破后的走势

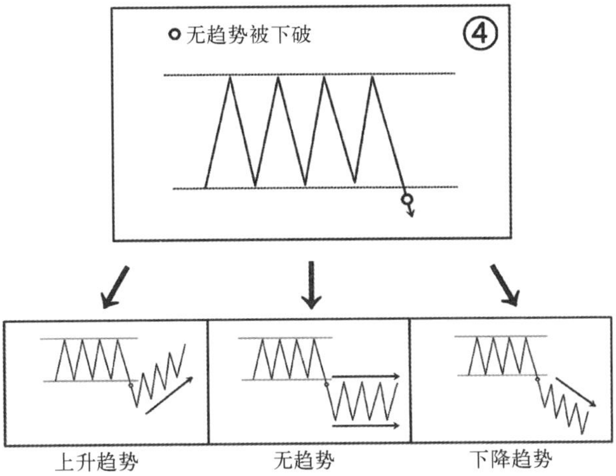

图 1-24　无趋势被下破后的走势

大家千万要记住，我们这样做的原因，是为了在一段新趋势形成的初期入场，入场成本较低，仅此而已。不要认为这样入场了，成功率就会很高，这之间没有什么联系，鱼和熊掌不可兼得。

刚刚开始用突破入场的时候，很多人以为这样做就应该是胜算很大，仿佛马上就能赚钱，所以对止损就很怠慢。但当自己遍体鳞伤之后，才知道我们对市场未来走势不能有太多的自信，永远要谨慎。

做突破行情，必须准备好被市场扇耳光，来回止损。但只要你每次止损的幅度不大，每次亏损一点，一旦被你抓住一段趋势行情，往往都能连本带利赚回来。运气好的话，还能有丰厚的盈利。遇到实在是倒霉的情况，总是等不到趋势出现，但只要严格止损，也不至于亏太多老本。

当然，往往做突破入场的老手，也不会一次性把所有的钱都投入进去。只有在突破的时候，试探性的建仓，这样就算止损，资金损失也会很小。之后再耐心等待，确认趋势形成了以后，才会进一步加仓，使得利润更加丰厚。

另外，需要特别说明一下，至于无趋势，因为上面的图一直用的是“水平无趋势”来代替所有的无趋势，因此，大家可以把“水平无趋势”替换成任何无趋势的走势。以之前也画过的一些典型的无趋势走势为例，它们的突破道理一样很简单，就是突破它们的上边际线或者下边际线即可，如图 1-25 和图 1-26 所示。

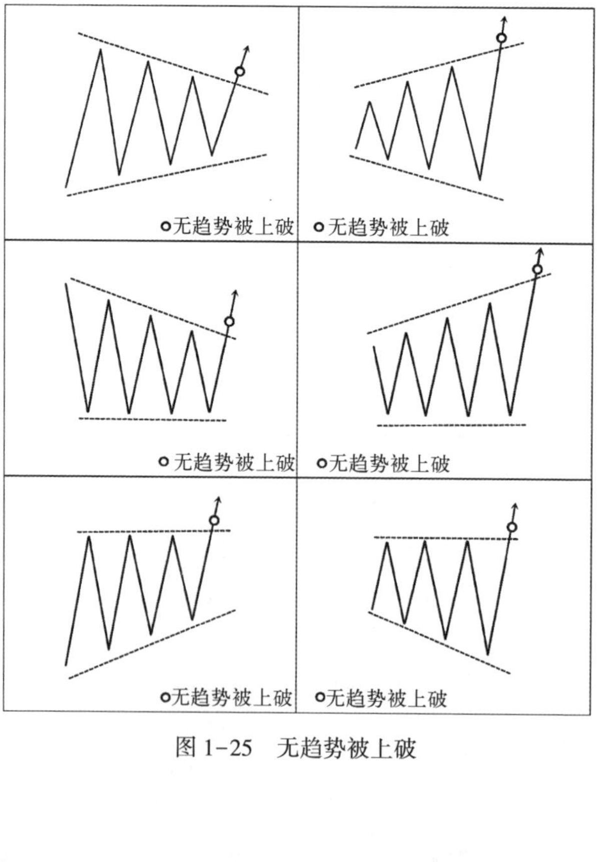

图 1-25　无趋势被上破

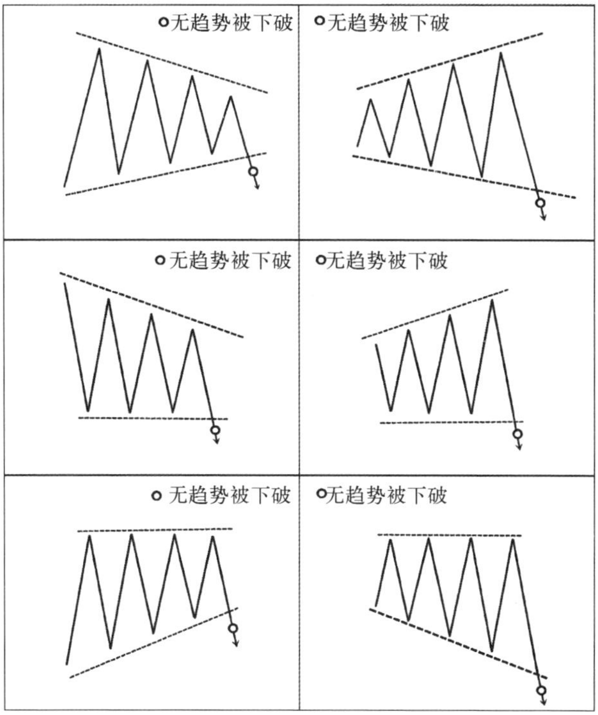

图 1-26 无趋势被下破

最后顺便提一下，有些学过技术分析形态的人，看到这些无趋势突破的图也许会觉得眼熟。因为，技术分析的形态本质上就是有趋势或者无趋势走势的归纳，技术分析的形态突破也不过是有趋势或者无趋势走势突破的归纳。

所以，学技术分析形态的人也没有必要去死记硬背各种技术分析形态，道理搞明白就行了。至于那些形态的名称，你又不用去给别人讲课，更没有必要去背，你自己能分辨清楚就行了。

如果把交易看成是一场战争，这场战争对于我们有两个规则：

第一，我们无法进攻。因为我们没有能力创造市场走势。

第二，我们只能防守。因为我们有主动止损出场的权利。

第十二节

止损：源于不公平

在交易者所运用的交易技术中，如果说技术分析占两成，运气占两成，那么剩下六成的全部都是风险控制。

风险控制是什么？

其中最直接也是最重要的一个部分就是止损。

毫不夸张地说，一笔交易如果不知道止损位在哪里，就千万不要进场（敲黑板划重点）！

肯定有人对此不屑一顾，认为技术好才是交易成功的关键，技术好就能一直赚钱，止损什么的问题，不存在的！

这样想的投资者，应该还不少。

所谓交易技术，一定是一个系统性的东西，有严格的逻辑关系。世界上不可能有百分之百准确的交易系统，交易就是不断试错的过程，各种交易系统都存在利弊。所以，在这些交易系统中必然要包含止损，也就是错了之后的处理办法。如果一套交易系统中没有任何止损策略，就像造了一辆车而没有安全带，那坐这辆车的人玩的就是心跳，出点什么意外，命也是一次性的。

这样的交易系统根本不配称之为"交易系统"，甚至有辱"交易"二字。因为，所谓交易，就是价值交换，各自谋利，有得必有失。

实际上，这个市场中总有那么一小撮人，认为市场走势是可以预测的，交易就是有稳赚不赔的方法。他们像中世纪人类寻求"炼金术"一样，不畏艰难困苦去寻找这种方法。

笔者自认为一时无法改变这些人的想法，因为他们的信仰可能更加坚定。笔者反而担心自己被他们说服感化，一同和他们上路去取永不亏损的"真经"。

换个角度看，这样的人其实很可爱，像孩子一样，天真单纯，充满希望。只愿市场的无情，不要把他打击得过于悲伤。

说到止损，大家可以先思考一个问题，我们在市场交易中，究竟能做的有什么？

真的非常少，无非就是进场与出场。

先说进场。

进场以后我们能主动创造走势，产生利润吗？

我们知道，市场的走势是用资金驱动的。但对于普通交易者，也就是我们绝大多数交易者来说，我们的资金对于市场来说少的可怜，没有办法影响市场的走势。就算再土豪，家里有矿的，也没有能力长期影响这个市场。因为，现在的金融市场不再只属于某个地区或者国家，而属于全世界，实在太过于庞大了！哪怕动用政府的力量，也不可能影响多久。除非政府关闭或者封锁这个市场，这肯定是不太现实的。

因此，换句话说，那些自以为进场就能赚钱的人，不就等于是以为自己那点钱，能影响甚至改变市场走势的自大狂吗？

当然，这里指的是在交易活跃的市场。因为确实有一些标的里面几乎没有什么人交易，这样的标的在期货市场中一些冷门品种的非主力合约比较多见。稍微有点钱的暴发户就可以进去包个场，只不过可能就他一个人在里面玩，进去了不一定能出来。

再说出场。

既然我们无法创造走势，那么我们就没有办法保证我们每一笔交易都能赚钱，我们唯一能做的只是跟随趋势，也就是跟着可以影响市场走势的资金后面，撅着屁股捡钢镚。但这样也不是百分百安全的，只是相对的合理。市场走势总有不顺，而且可以负责地告诉大家，不顺的时候会很多。

不顺的时候，理智告诉我们，可以做的就只有出场。出场不需要我们有多大资金和能力，只要符合市场规则，我们每个人都可以主动出场。

你如果赚了钱，想什么时候止盈出场都随你，这就不用说了。

我们这里说的是止损出场，就是进场以后亏损的出场。知道有人不爱听这个，感觉不吉利。

不管吉不吉利都要说，要说给听得进去的人听。

如果把交易看成是一场战争，但这场战争对于我们，有两个规则：

第一，我们无法进攻。因为我们没有能力创造市场走势。

第二，我们只能防守。因为我们有主动止损出场的权利。

这规则看上去不是那么公平，但却无可奈何。所以，要打赢交易这场仗，大家很艰辛，阵亡率很高。但只要认识到，防守是我们唯一的可以做的事情，情况就能好很多。做好防守，也就是做好止损，我们才很有可能保护自己活下去，而活下去，就有机会赚钱。

简单一句话：想要打别人，先问自己扛不扛揍！

止损不是到菜市场买菜，
容得你和市场讨价还价！

第十三节

止损的方法：寻求合理

有人说，做交易不能止损，他就是因为止损才使得自己一穷二白的。

这样的人，可能对止损有一些误解。他所谓的止损，要不就是每次有一点亏损就出场，随心所欲，没有制定相应的规则；要不就是等到亏损过于巨大，实在受不了才出场。

对于止损来讲，其实敢于频繁出场的人倒是比死扛到最后受不了才出场的人，要好得多。敢于频繁出场的人只是没有找到好的止损方法；而死扛的人，就有可能是性格或者精神方面的问题了。

止损的方式有很多，在此没法一一列举。这里仅结合本书前面说的技术内容，作为合理止损的讲解蓝本。

如图 1-27 所示，这是一段上升趋势。

按照理论来说，我们在一段健康的上升趋势的任何点位进场做多

(买入股票)，都是没错的。那么假如我们不讲究进场点，随便在一个点位进场了，止损设在哪里呢？

按照前面所说的上升趋势两大条件之一，前一段波段低点要比后一段波段低点要高。如图 1-28 所示，如果走势跌破这条虚线 A，这段上升趋势就彻底结束了。

图 1-27　上升趋势

图 1-28　上升趋势跌破出场线

所以，跌破这条虚线 A 是比较合理的出场点。因为我们做多(买入股票)的依据就是因为市场走势处于上升趋势中，而上升趋势一旦被打破，就必须止损离场，这没必要争论。

当然，这里还是要再次强调，有些人一定会这样想，跌破虚线 A 万一市场走势又回去了呢？要不再等等？

万一它从此一直跌再也不回来了呢？侥幸心理让你在市场中躲过初一，终究不会躲过十五。

想要在市场中活下去，就要时刻保持警惕，注意市场给你的每一个危险的信号。留得青柴在，不怕没山烧！止损不是在伤害你，而是在保护你。

好，下面我们继续深入讨论。

我们将面对一个现实情况，假如说虚线 A 离你的入场点很远，也就是你的止损成本太大，要不要还在跌破虚线 A 后再止损？

当然是不需要。止损的意义就是让你小亏大赚。如果没有办法满足小亏这个原则，又何谈盈利？

遇到这种情况，我们该如何止损？

那就要说到止损的一个核心原则了，就是定量亏损原则。也就是说，每次入场的资金，不能亏损超过10%。

有人问20%行不行？

止损不是买菜，不容得你和市场讨价还价！

那为什么是10%？

这是一个很简单的数学原理。

假如我们有100元钱，亏损10%，还剩90元。而用剩下的90元赚回到100元，需要盈利11%左右，是相对合理的。之后，本金亏损比例越大，回本难度就越高。很多人都知道，100元亏损50%还剩50元，而50元回本到100元却要盈利100%这个道理。

所以，10%以内的止损原则是前人用经验总结的较为容易“翻身”合理止损百分比。

简单来说，你买入100元钱的股票，最大限度只能亏损10元钱，就必须要止损出场。注意，这里指的是最大限度是亏损10元钱，你完全可以根据你自己的承受能力而定。有的人觉得亏5元钱就很多了，那就亏5元钱的时候止损出场；有的人求生欲很强，觉得亏5毛钱就受不了了，那就亏5毛钱出场。不过要说明一下，止损如果太抠，就很容易被市场走势的波动洗掉。毕竟，那种一进场就顺着你交易的方向头也不回的生猛走势少之又少，可遇不可求。

当然，有一小部分人在100元处买入的股票，亏到40元后，心中都毫无波澜，甚至还有点想笑。这种人要不就是土豪，跑到市场来拿点小钱“玩票”；要不就可能早已崩溃，放飞自我了。反正这些人不在我们学习交易的讨论范围之内。

总之，每次交易把亏损控制在投入本金的10%以内，这条交易原则，是我们每个交易者必须无条件遵守的原则！其重要程度值得每一个在这个市场中“拼杀”的人，蘸着血泪写在家里的墙壁上！

我们再说另外一种情况。

有些人已经理解了上面所说的趋势被破坏以后就必须出场的原则。可是自己准备进场的点位较高，离虚线A相差很远，但让他在趋势没有破坏之前就出场，他又不甘心。很纠结，怎么办呢？

可以引入仓位管理变通一下。

首先，如图 1-28 所示，我们亏损的额度必须还是定在 10 元以内。但因为离止损虚线 A 比较远，我们只能通过计算减少买入的量。比如，你一开始准备买入的是 100 元钱的股票，但如果 100 元的股票通过计算，跌破虚线 A 的时候，亏损会是 20 元甚至更多，就是说超出了只亏损 10 元钱的范围，那我们就不能买入 100 元钱这么多的股票了。我们可以减少到只买入 50 元钱的股票或者更少，通过减少持有仓位的办法，让亏损在跌破虚线 A 止损价位的时候，始终控制在 10 元钱以内，减少交易带来的风险。

这样做的好处就是，满足趋势被破坏才出场的原则，给自己心理上一个死心出场的理由。坏处就是，由于仓位较少，盈利也会减少，而止损过大，可能得不偿失。所以，一般并不推荐这种办法。说这个方法就权当给大家扩展思路。

对于那些又不想降低仓位，但一定要在趋势被破坏才出场的“强迫症”交易者来说，如图 1-29 所示，也许耐心等待一个离虚线 A 止损点位在 10%以内距离的入场点，才是合适自己的最佳的机会。虽然这样的机会相对会比较少，但总是有的。

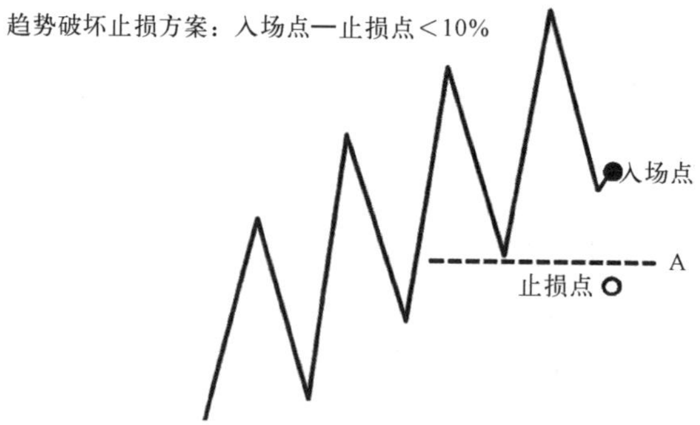

图 1-29　入场点-止损点<10%的入场点

关于下降趋势的做空止损，在这里就只简单提一下了。道理一样，请参考本节上面的内容，只不过是把图倒过来看而已。

如图 1-30 所示，走势如果向上突破虚线 B，代表趋势结束，空单必须止损离场。当然，同时也是做多试仓的进场点。

图1-30 下降趋势跌破出场线

下面说一下无趋势突破后的止损。

道理也一样。只不过无趋势有两面性，向上突破偏向做多，向下突破偏向做空。我们同样用水平无趋势为例：

如图 1-31 所示，如果市场走势配合成交量放大突破虚线 C，我们就立即跟进做多(买入股票)，止损点理论上可以放到跌破虚线 D(下破虚线 D 甚至可以反手做空)。在这里大家一样要注意，10%止损原则永远是第一位的！如果虚线 D 离你的入场点距离太大，损失超过 10%，就不能使用这个止损方案。还是以亏小赚大原则为主，严格把亏损的额度控制在 10%以内。

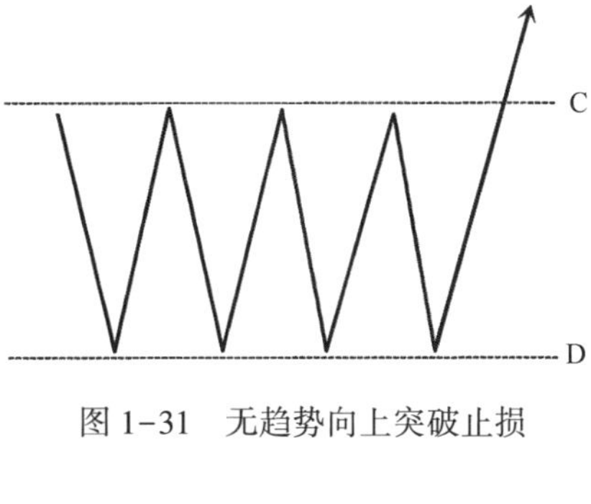

图 1-31 无趋势向上突破止损

反之，向下突破做空也一样。如图 1-32 所示，如果市场走势突破虚线 D，我们就立即跟进做空，止损点理论上可以放到上破虚线 C(上破虚线 C 甚至可以反手做多)。如果虚线 C 离你的入场点距离太大，损失超过 10%，就不能使用这个止损方案。严格把亏损的额度控制在 10%以内。

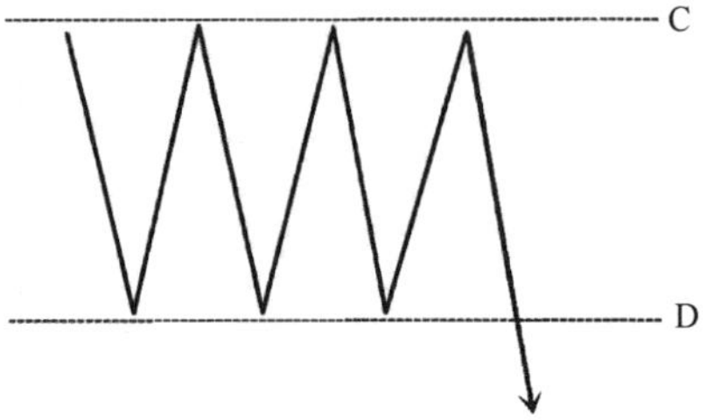

图 1-32　无趋势向下突破止损

加仓不是说要一路不断地加上去，对于我们普通交易者来说，那样越到后期风险会越大。

第十四节

加仓：最起码的资金管理

资金管理是风险控制中另一个不可忽视的重要环节，也涉及到交易盈利一个核心理念——以小博大。

在市场中交易时间长一点的人，多少听说过资金管理以及它的重要性。但很多人在实际操作中并不在意资金管理。总是感觉资金管理是那些钱多的交易者需要想的事情，和自己这种小散户无关。

但其实资金管理是交易的重中之重，可以这样说，资金管理做得好，技术差点都没有关系。就像有些身体素质好的人，功夫笨点也不碍事。人家甩起大胯踢他三脚，他没有事；他不小心挥一挥手，对方就昏死过去了。

在交易中，资金管理要比所谓技术重要得多。所以，无论是钱多钱少，最起码的资金管理还是要了解一下。

那么，什么是最起码的资金管理？

简单来说，就是加仓。

为什么要加仓？

打个比方，你有 100 元钱，打算买一只股票。有两种方案：

第一种，简单粗暴，入场买 100 元钱的，止损 10%。

第二种，先买 50 元钱的，止损 10%。等再次确认趋势向上运行之后，也就是有了一些利润之后，再次买入剩下 50 元钱的股票。

不难看出，第一种一次性购买股票的方案，每次止损后的损失是 10 元钱。第二种分两次购买股票的方案(含一次加仓)，每次止损后的损失是 5 元钱。因为它第一笔入场资金只有 50 元。

对于趋势交易者来说，利润来源于趋势行情。所以，每次入场都是在尝试，试探之后的市场走势会不会形成趋势行情。

做任何事情都有风险，交易也不例外。别老想着“空手套白狼”。尝试入场就是趋势交易的风险，控制尝试入场的风险就显得非常重要。

每次一开始投入少量资金打头阵，试探趋势的虚实。

趋势没形成，止损，小亏；

趋势形成了，加仓，大赚。

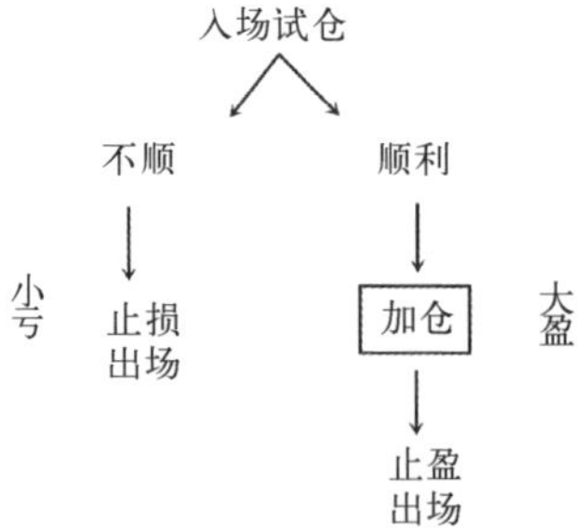

图 1-33　大赢小亏

不难看出，要达到“截断亏损，让利润奔跑”，加仓这一环节是关键！这种高容错率的交易策略，正是趋势交易者能长期在市场生存下去的原因所在。

如此一来就一定有人会问，为什么要在趋势形成之后才加仓？这样反而提高交易的成本价，安全吗？

交易中没有绝对的安全。前面介绍过，趋势是用跟风的钱积累出来的，一旦形成，相对稳定，只是运行时间长短不同而已。在这个时候加仓也就相对安全。

注意，这里说的是相对，不是一定。交易中没有什么是一定的。而且，作为趋势交易者，重点在于跟踪趋势，不要斤斤计较交易的成本价，最好能把交易的成本价忘记。

既然还有这样的问题，安全无法保证，那加仓之后市场走势不顺利，发生亏损怎么办？

当然会有这样的情况出现，而且还不少，千万别忘记止损。对于一个合格的交易者来说，进场必设止损！被止损更是家常便饭，喜不喜欢都要习惯。只要每次控制好亏损的金额，就能练出“小亏怡情”的健康心态。

另外，笔者不鼓励普通交易者运用复杂资金管理技术的建仓，通过一两次加仓完成建仓足矣。毕竟，就一般交易者那点钱，弄一套复杂的资金管理技术，完全就是脱了裤子放屁——多此一举。由于操作的繁琐，往往会影响执行力。

同样，建仓和加仓的方式有很多。下面还是结合本书前面介绍的技术内容，简单介绍一种趋势形成初期的建仓和加仓方法。

比如，我们在一段上升趋势可能要形成的情况下，也就是前面说过的无趋势被向上打破的第一时间进场。为了方便说明，如图 1-34 所示，我们以无趋势中的水平趋势为代表，大家可以根据前面所说的无趋势形态，自行脑补替换。

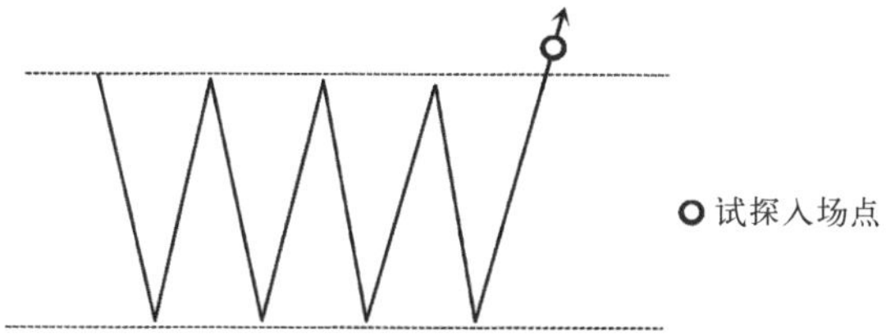

图 1-34　向上突破试探入场点

我们假设把预计要对这只股票投入的资金平均分成两份，那向上突破的第一时间我们先投入其中一份资金。因为，在趋势还没有呈现出来的时候，我们都以试探性入场为主。最主要的好处是风险小，如果之后市场的走势有什么不顺利，可以尽快止损出场，资金上不会承受太多损失，心理负担也轻。另外一个好处就是，不会因为突破后市场的走势意外地猛涨而没有及时地“上车”。

我们接着看，如果突破后市场的走势还比较顺利，我们可以投入剩下的资金进行加仓。如图 1-35 所示，下面介绍一种加仓的点位。

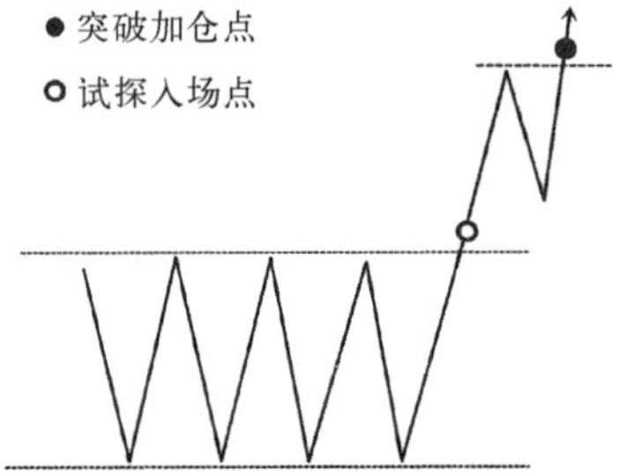

图 1-35　向上二次突破加仓点

那这样加仓的依据是什么呢？

眼尖的朋友，肯定已经看出来了。根据前面“最简陋的上升趋势”的定义：起码有两个递增波段高点和两个递增波段的低点，条件已经满足。

如图 1-36 所示，这样看是不是就清楚了很多，A1 和 A2 是两个波段的递增高点，B1 和 B2 是两个波段的递增低点。

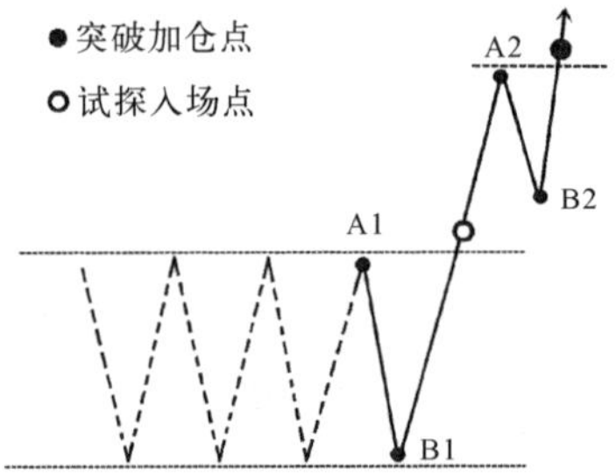

图 1-36　向上二次突破加仓点解析

因此，在趋势得到第一次确认的时候，我们进行加仓，相对的资金成本是比较低的。这里一定要注意，加仓不是说要一路不断地加上去！对于普通交易者来说，那样越到后期风险会越大，心理压力难以承受。加仓的目的是让我们在一段趋势形成的初期，通过两到三次资金的分批入场，完成对标的全部的建仓。这样能让我们的持仓成本处于一个相对比较有利的位置，心理舒适度也会比较高。

当然，还有一种情况就是，突破以后的走势不理想，又迎来了一个无趋势的走势，这样的话，我们可以在新的这个无趋势再次向上突破的时候加仓，因为，我们可以把新的这个无趋势视作一个再次蓄力的过程。

如图 1-37 所示，这里新产生的无趋势，我们依然用水平无趋势代表所有的无趋势。

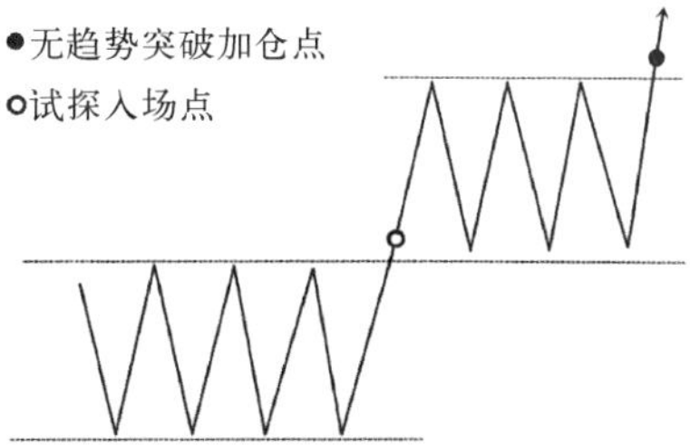

图 1-37　向上突破后接无趋势再次突破加仓点

另外，如图 1-38 所示，一旦新的无趋势下边界线被打破，我们最好先出场观望或者反手做空，不应等到打破之前的止损位才出场。因为新的无趋势被打破，我们应视作一个新的开始。

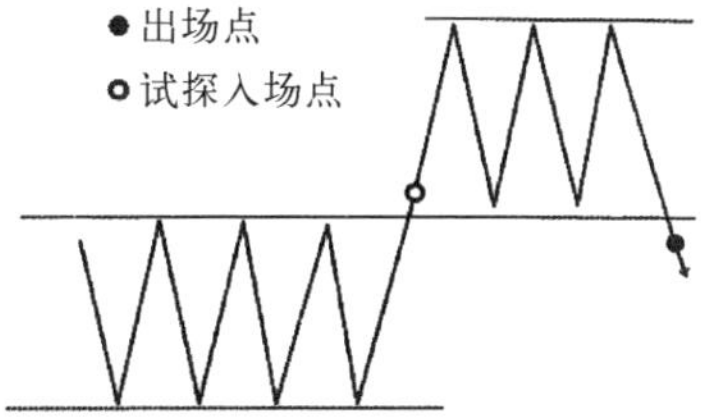

图 1-38　向上突破后接无趋势向下突破出场点

下面我们再简单说一下做空的情况，只炒股票或者做多的朋友，可以考虑忽略。

比如，我们在一段下降趋势可能要形成的情况下，也就是前面说过的无趋势被向下打破的第一时间进场。如图 1-39 所示，为了方便说明，我们以无趋势中的水平趋势代表所有的无趋势。

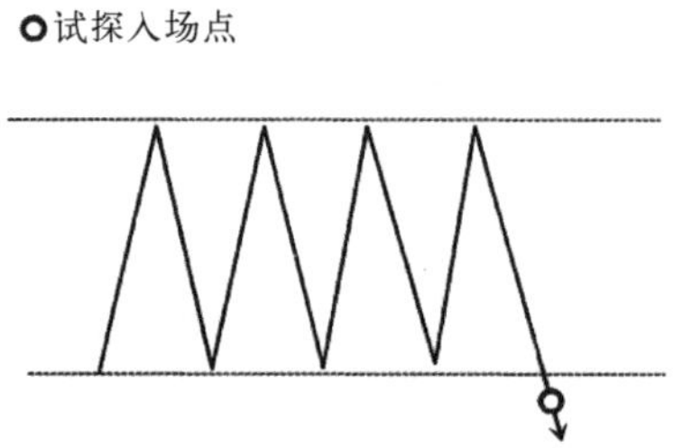

图 1-39　向下突破试探入场点

假设把预计要对这个标的投入的资金平均分成两份，在向下突破的第一时间投入其中一份资金。因为，在趋势还没有呈现出来的时候，我们都以试探性入场为主。这样试探性入场的最主要的好处是风险小，如果之后市场的走势有什么不顺利，可以尽快止损出场，资金上不会承受多大损失，心理负担也轻。另外一个次要的好处是，不会因为突破后市场的走势意外地猛跌而没有及时“上车”。

我们接着看，如果突破后市场的走势还比较顺利，我们可以投入剩下的资金进行加仓。如图 1-40 所示，下面介绍一种加仓的点位。

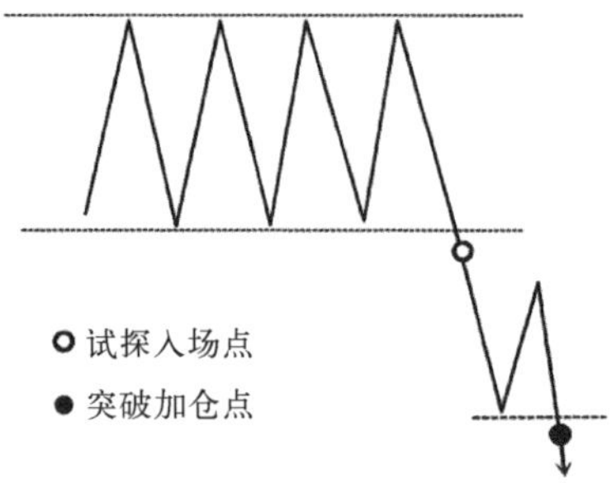

图 1-40　向下二次突破加仓点

这样加仓的依据是什么呢？

根据前面“最简陋的下降趋势”的定义：起码有两个递减的波段低

点和两个递减的波段高点，条件已经满足了。为了进一步让大家都看清楚，再把图进一步加工一下，如图 1-41 所示。

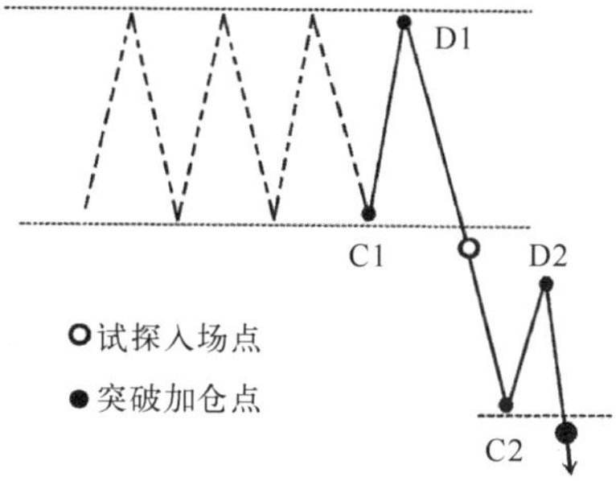

图 1-41　向下二次突破加仓点解析

这样看是不是就清楚了很多，C1 和 C2 是两个波段的递减低点，D1 和 D2 是两个波段的递减高点。

因此，在趋势得到第一次确认的时候，我们进行加仓，相对的资金成本是比较低的。

当然，还有一种情况就是，突破以后的走势比较磨叽，又迎来了一个无趋势的走势，这样的话，我们可以在新的这个无趋势再次向下突破的时候加仓，因为，我们可以把新的这个无趋势视作一个再次蓄力的过程。

如图 1-42 所示，这里新产生的无趋势，我们依然用水平无趋势代表所有的无趋势。

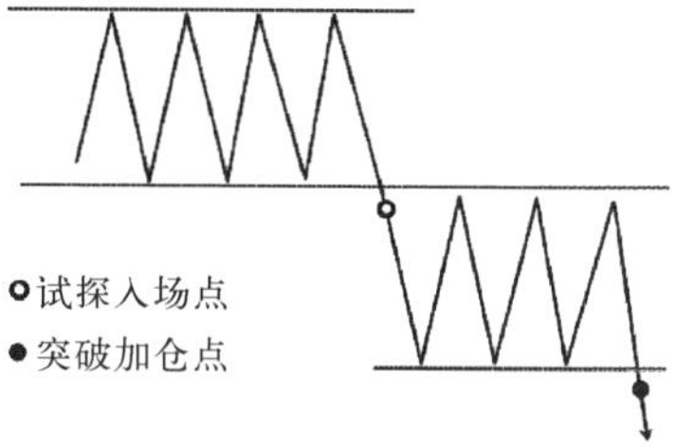

图 1-42　向下突破后接无趋势再次突破加仓点

另外，如图 1-43 所示，一旦新的无趋势上边界线被打破，我们最好先出场观望，或者反手做多，不应等到打破之前的止损才出场。

因为新的无趋势被打破，我们应视作一个新的开始。

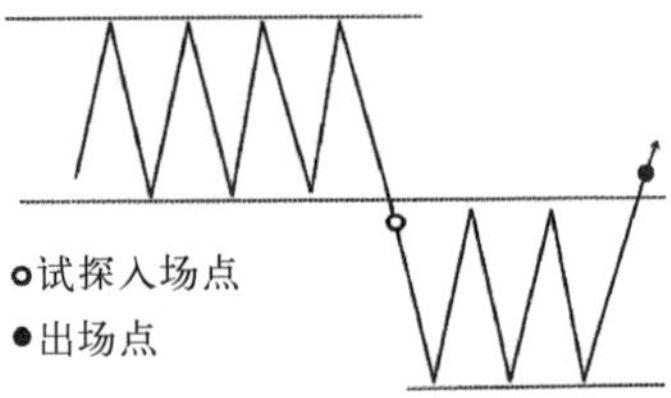

图 1-43　向下突破后接无趋势向上突破出场点

既然说到加仓，那理论上应该就有相应的减仓。

但减仓一般是用在资金量非常庞大的交易机构中，因为他们在短期内无法对所有持有的头寸进行平仓处理，只能以减仓的方式慢慢平仓。对于普通交易者来说，我们的资金不会太大，减仓操作往往是庸人自扰的行为，效果不一定好，还会把操作复杂化，一般采取一次性出场的方式就行了。

当然，无论入场还是加仓，永远都必须配合止损，这是不能忽视的前提。

好像明明有一把锋利的刀，留着刀刃不用，感觉刀把儿厚重结实，硬要抡着刀把儿去锤人。

第十五节

止盈：灵动的出场

说了止损，接下来说一个相对轻松的话题——止盈。

止盈讨论的就是你赚钱了，什么时候出场。

大家应该记得，前面说过一些简单的出场方式，你完全可以照着做。

但实际上，市场上的止盈方式有很多，因为止盈是一种把账面上的利润落袋为安，防止利润被可能突变的行情侵蚀的方式。很多事情只有不同，并无是非。只要在把止损控制在相对比较理想的范围，止盈自然就变得“爱咋咋地”了。有的有经验的交易者，他们止盈甚至靠感觉。

不过这里肯定不能让大家靠感觉止盈，这样会显得笔者很不负责任。

先说一种程序化交易中比较常见的止盈方式。

这种止盈方式是把止盈设置成止损的倍数。

比如，入场后止损设置的是亏 10 个点，止盈会设置在赚了 20 个点、30 个点或者更多之后。也就是说，每次一旦交易达到一个理想的盈利数，就会考虑出场，不管趋势还在不在。因为这一次的盈利足够在进行对付接下来几次交易的止损。只要运用的交易技术相对合理，一般在止损占多数，止盈占少数的情况下，他多少还能赚到一些钱。

但这个方法对计算和具体标的要求比较高，如果一旦实际走势与计算发生偏离，就有可能亏损。对于我们普通交易者，不是很好掌握。

第二种止盈的方式和第一种相比，好像是反的——回撤止盈。就是当浮赢减少到设定的百分比的时候止盈。

比如，你账面最大的浮盈是 100 元钱，随着走势的回调，浮盈减少到了 80 元，也就是回撤了 20%，有的人就会在早已制定的 20% 回撤度这里止盈离场；有人等到浮盈减少到了 70 元止盈离场，也就是回撤度达到 30%的时候；也有人等到浮盈只剩 50 元的时候才止盈离场，也就是回撤度达到 50%的时候才止盈离场，这种人一般都是偏向做稍微长一点的趋势，心比较宽。一般回撤度超过 50%，就有点不太理智了，这种人给人的感觉压根不想止盈，可能是奔着止损去的。

所以，止盈这件事情，心也不能太宽。

再说一下技术分析指标止盈，由于技术分析指标是种类太多，各种参数也可以随意修改，这个范围就比较大了，没有办法一一进行说明。就说说最常见的均线指标吧。

均线的主要作用是判断趋势，所以以均线作为止盈也是合情合理的。均线止盈有用一根的，有用两三根组合的，都是可以的。

但均线有一个天生的弱点，参数越大其滞后性越大。比如，20 日均线，它的原理就是 20 日收盘价的平均值。如果在这 20 天中，前期走势较为平稳，后期比较急，它的走势会受到前期平稳走势的拖拽，无法尽快跟上后期走势的步伐。如果是更大参数周期的均线，它的滞后性也会更大。所以，有人会用两三根均线配合，目的是让周期参数小的均线(比如5日均线等)和参数周期较大的均线(比如30日均线等)配合，以更好掌握趋势的变化。

至于均线止盈的标准，也是花样繁多。有的人喜欢跌破某根均线出场；有的人喜欢在均线组走乱后，例如，死叉之类的情况在出场；有的人喜欢在市场走势加速走强后偏离均线太远，他认为有可能回调的时候出场等。

说到均线，顺便再提一个关于均线的问题。

用均线或者均线组合的人会发现，一个参数或者一组参数，只在一部分标的上显得比较好用。因为标的走势像人一样，有不同的性格。所以，要不断去尝试调整均线的参数，以适应不同的标的。这就很麻烦了。

因此，有的人甚至会同时使用七八根不同参数周期的均线。

但这样做的可怕之处就在于，均线多了，止盈和止损借口也多了，有人竟然用不同周期的均线去看支撑。

例如，某人明明账面上是有盈利的，看到股价跌破10日均线，他想着20日均线有支撑，不该出场，再等等；到跌破20日均线，他想着40日均线应该有支撑……一直抱着均线支撑可能会反弹的想法，账户从盈利到亏损。时光如梭，一转眼他看到了100日均线，100日均线跌破还在跌怎么办？自己再往电脑上加均线，200日、300日……均线是无限的，资金却是有限的。最后均线还没加完，人都快不行了。

不知道这种均线有支撑就会反弹的想法是从哪里来的，如果我们在屏幕上设置一百根不同参数的均线，你一根一根看，会发现每一根在历史都有支撑的作用，这不等于和没有一样吗！

均线的意义在于判断趋势，有很多人甚至根本不知道均线究竟发明出来是用来做什么的，听了一些歪门邪说之后，在那里瞎折腾。

就好像明明有一把锋利的刀，留着刀刃不用，感觉刀把厚重结实，硬要抡着刀把去锤人。

最后，说一种笔者自己经常使用的“传统手艺”——画趋势线止盈。

它的止盈原理和均线相似。由于是根据市场走势直接划线，趋势线比均线对标的适应性更好，而且没有滞后的问题。

很多人对画趋势线不以为然，认为自己抬手随意顺着趋势画一根直线，就是趋势线。其实，也不全是这样，还是有些讲究的。

如图 1-44 所示，我们先找一段接近于市场真实走势的上升趋势。

大家觉得该怎么画？

如图 1-45 所示，我们先看一下，上升趋势线的定义：连接前面某一波段的低点与最高点波段的低点，中间趋势线不可以直接穿过走势图。

图 1-44　仿真上升趋势

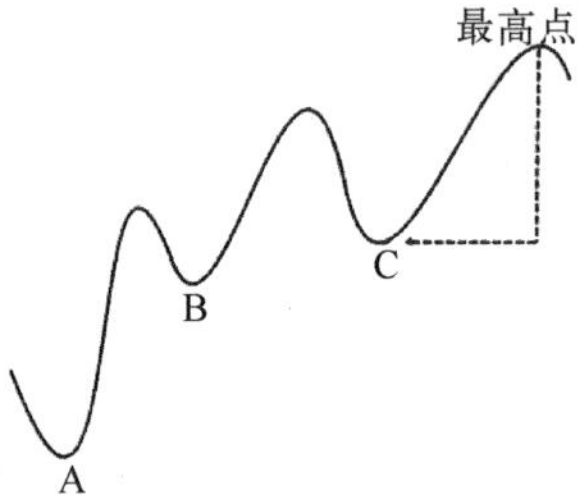

图 1-45　上升趋势线的定义

如图 1-46 所示，A 点和 B 点是前面某一波段的低点，而 C 点是最高点波段的低点。因此，A 点与 C 点相连，或者 B 点与 C 点相连，都属于上升趋势线的正确画法。

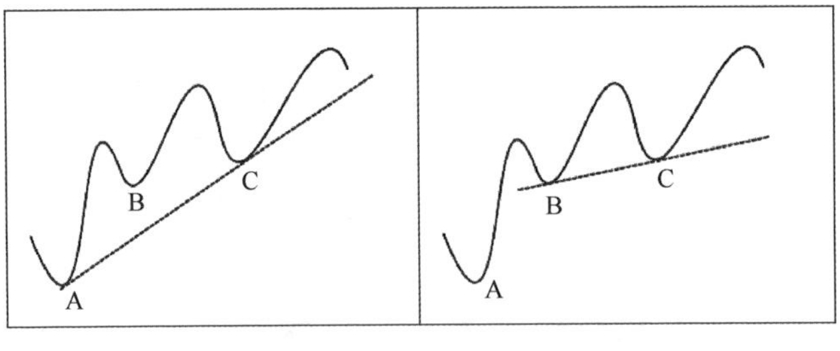

图 1-46　上升趋势线的正确画法

也就是说，如果持有多单的话，会在上面的趋势线被走势向下击穿后及时止盈。至于你选择两个中的哪一个趋势线止盈，就看你自己了。

当然，在这个过程中有一个小插曲。

如图 1-47 所示，当走势只出现了 A 点和 B 点的时候，我们没有办法预测后面 C 点前后那段的走势。那当时的 B 点就是“最高点波段的低点”，那么只能先画出连接 A 点和 B 点的趋势线。之后，这条趋势线被走势打破，我们先止盈出场。而后，C 点没有跌穿 B 点，拐头向上，说明上升趋势暂时没有被破坏，我们可以重新选择入场点入场。

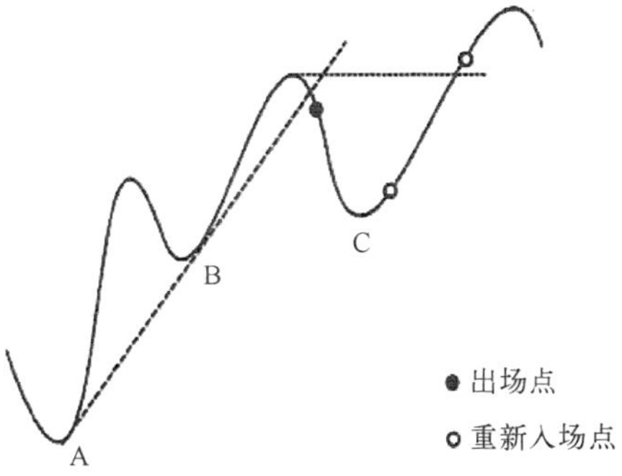

图 1-47　上升趋势线的阶段画法

最后，再附加一种特殊情况。

如图 1-48 所示，如果遇到最高点相差无几的“双顶”时，我们画趋势线要连接最新的那个波段低点。若你在图中入场点做多入场，走势没能创新高，最好在走势拐头的时候先止盈出场。这个出场方式前面是说过的，这里顺带着再说一次。

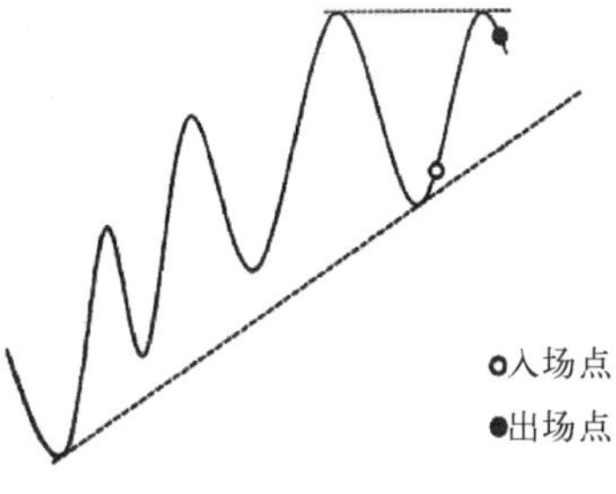

图 1-48　上升趋势线画法的特殊情况

老规矩，下面我们看看在下降趋势中做空的情况。如图 1-49 所示，我们先找一段接近于市场真实走势的下降趋势。

如图 1-50 所示，下降趋势线的定义：连接前面某一波段的高点与最低点波段的高点，中间趋势线不可以直接穿过走势图。

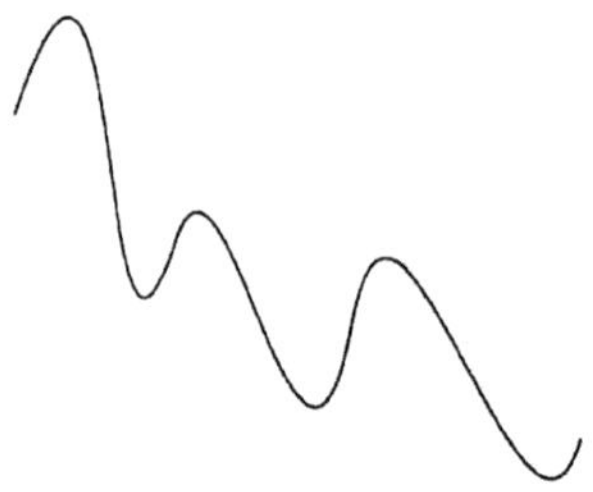

图 1-49　仿真下降趋势

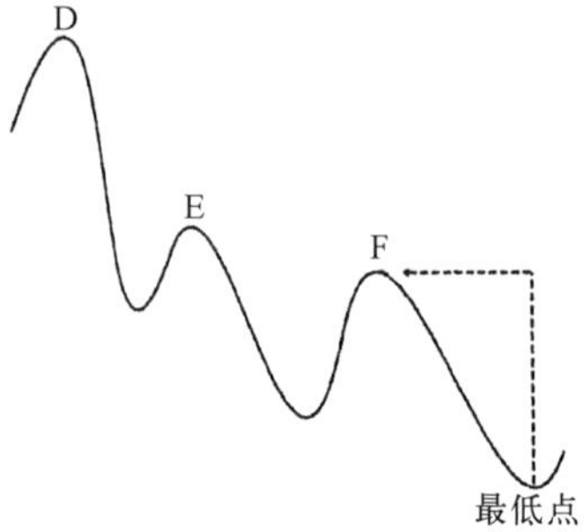

图 1-50　下降趋势线的定义

如图 1-51 所示，图中 D 点和 E 点是前面某一波段的高点，而 F 点是最低点波段的高点。因此，D 点与 F 点相连，或者 E 点与 F 点相连，都属于下降趋势线的正确画法。

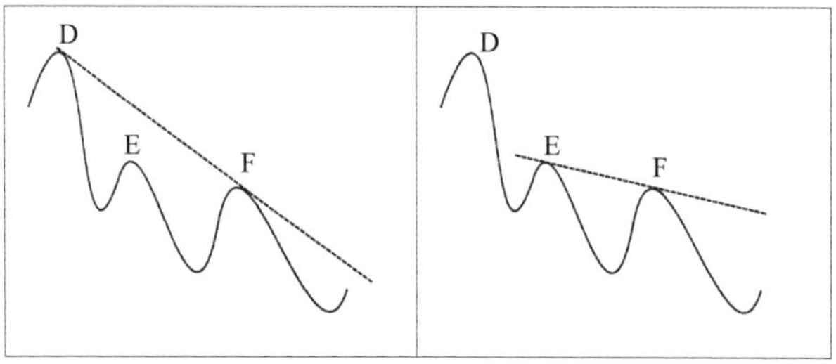

图 1-51　下降趋势线的正确画法

也就是说，如果持有空单的话，会在上面的趋势线被走势向上击穿后及时止盈。至于你选择两个中哪一个趋势线止盈，就看你自己了。

当然，这个过程中有一个小插曲，我们看看。

如图 1-52 所示，当走势只出现了 D 点和 E 点的时候，我们没有办法预测 F 点后面那段的走势。那当时的 E 点就是“最低点波段的高点”，那么我们只能先画出连接 D 点和 E 点的趋势线。之后，这条趋势线被走势打破，我们先止盈出场。而后，F 点没有上穿 E 点，拐头向下，说明下降趋势暂时没有被破坏，我们可以重新选择入场点入场。

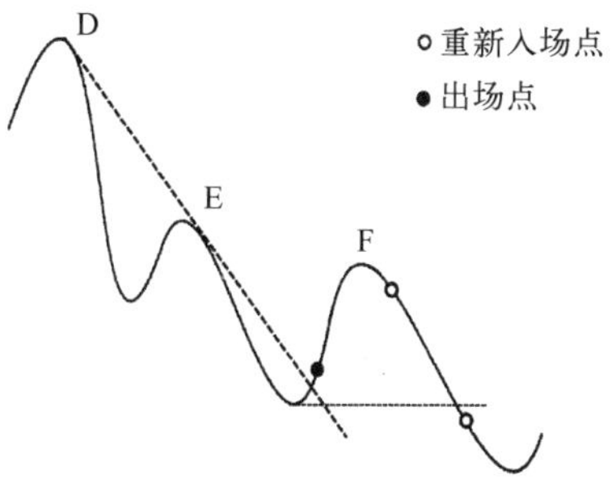

图 1-52　下降趋势线的阶段画法

最后，再附加一种特殊情况。

如图 1-53 所示，如果遇到最低点相差无几的“双底”时，我们画趋势线要连接最新的那个波段高点。若你在图中入场点做空入场，走势没能创新低，最好在走势拐头的时候先止盈出场。

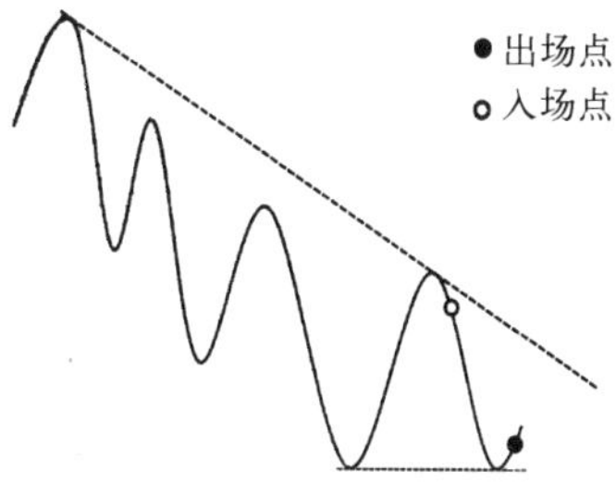

图 1-53　下降趋势线画法的特殊情况

学习交易的过程，更多的其实是做减法，去伪存真。这个过程就好像为一个浓妆艳抹的女人卸妆。

第十六节

交易技术：少则得，多则惑

> 我不觉得人的心智成熟是越来越宽容涵盖，什么都可以接受。相反，我觉得那应该是一个逐渐剔除的过程，知道自己最重要的是什么，知道不重要的东西是什么。而后，做一个简单的人。
>
> ——温斯顿·葛鲁姆《阿甘正传》

思考良久，技术的部分就写到这里。如果以上的内容能融会贯通，也足够广大交易者在市场中生存了。

但是，融会贯通四个字，谈何容易。

所谓学习交易，别人最多能做的是把各位领进门，真正的修行，只能靠自己。

当然，笔者也知道，有些人你帮了他七分，他认为你没有帮他十分，反而欠他三分。他总是认为你有什么技术上的秘诀没有告诉他，让他不能马上盈利，飞黄腾达，走上人生巅峰。

对于这样的人，笔者自愧能力有限，只能抱歉了。

下面笔者有一些关于交易技术的心里话想给大家说：

我开始学交易的时候，完全靠自学，接触了很多东西，脑子很乱。至少几十种指标、人物传记、价值投资和各种主流和非主流交易理论等，甚至记得还有一两本用什么周易八卦预测股市的书(真是匪夷所思)。却一直在不断尝试中亏钱，找不到方向。

现在想来那段经历只是有些好笑，但身在其中那几年是怎么笑也笑不出来。就像史书中总是有句看起来轻描淡写但品味起来很残酷的话：我们走了一些弯路……

学习交易的过程，更多的其实是做减法，去伪存真。这个过程就好像为一个浓妆艳抹的女人卸妆。留下最实实在在的东西，才能把交易技术弄得简单而实用。

我自己花了多年时间朝这个方向努力，才总结了你所看到的这些东西。

在说技术的时候，我尽可能地简洁，大家千万不要认为我是在有意隐瞒什么，我恰恰是为你好。

我做这些，也并不代表我就是大善人，我只是不愿活成自己都瞧不起的那种人的样子。

虽然我知道，这个市场经常有人可能只是改了几个技术分析指标的参数和外观，就敢厚颜无耻地称自己发明了什么新的技术。为了和这种人划清界限，我在此声明，我所写的这些技术，没有什么是自己发明的。我只是把前人总结的一些东西，通过自己多年的思考，给大家进一步讲清楚而已。让大家知其然，还知其所以然。

我知道，有很多优秀的交易者一辈子使用的技术分析，不过就是我前面所说的这些。虽然不一定就一模一样，但万变不离其宗。因为，我所说是最基础的技术分析，在一百多年前，没有网络、电脑和电视的时候，大概就已经有了。只是很多人学的时候，并没有刨根问底，老师怎么教，他就怎么做。当然，这些东西刨不刨根并不重要，执行才是关键。也许恰恰因为我才疏学浅，且经历过长期亏损，反而才会有动力去寻个究竟。

本来我想继续趁着手热，把技术的部分往下写，写写成交量、写写压力支撑，甚至迎合市场胃口，写写技术分析指标等等，写写大家所谓的“干货”。但我还是让自己冷静下来。这又不是技术分析工具书，我也不是为了浑水摸鱼，书店里面该有的早就有了，不该有的也有了。技术写多了反而乱人心智，有违初衷。真的没有多大意义。

成交量、压力和支撑等，确实是技术分析中重要的组成部分。简单来说，成交量代表市场参与者的热情和能量，也代表资金的堆积，做突破时最好有成交量的配合。往往成交量大的地方，压力或者支撑力也大。

外汇市场如此庞大，但外汇交易恰恰是没有成交量参考的，那让那些研究成交量的交易者怎么办?

行情走势遇到压力位就会一蹶不振?遇到支撑位就会重振雄风?放心，市场永远会让人捉摸不定。

但正因为人心里有了压力和支撑的概念，就总有人遇到压力位就出场，结果错过一大波行情；就总有人遇到支撑位就入场，结果却断送了一生的积蓄。

所以，我时常在想，到底是知道更多的技术好呢?还是其实一开始不知道要好呢?如果眼中只有趋势，老老实实地跟着趋势走，脑子里清清静静，没有其他参考的干扰，会不会更好一点?

就像六祖惠能《菩提偈》所言：“菩提本无树，明镜亦非台。本来无一物，何处惹尘埃!”

成交量、压力和支撑、技术分析指标等等这些到底可不可以参考?肯定可以参考的，对错并不在于它们。

可是让交易者参考这么多，我就有点担忧了，因为大多数投资者火候不够。

技术往往都是双刃剑，是否运用得好在于自我的修行。我担心因为自己多嘴说的某个技术，反而让投资者们伤到自己，那这不等于我把他们坑了吗?

技术好比武功，武功学的多就一定是高手吗?

在金庸先生的《天龙八部》中，神一样存在的“扫地僧”对四十余年在少林寺藏经阁中偷窥无数武功秘籍的萧远山(萧峰他爹)和慕容博(慕容复他爹)说过这么一段话:

“记得(萧远山)居士第一晚来阁中借阅的，是一本《无相劫指谱》，唉!从那晚起，居士便入了魔道，可惜，可惜!居士第二次来借阁的，是一本《善勇猛拳法》。当时老僧暗暗叹息，知道居士由此入魔，愈隐愈深，心中不忍，在居士惯常取书之处，放了一部《法华经》和一部《杂阿含经》，只盼居士能借了去，研读参悟。不料居士沉迷于武功，于正宗佛法却置之不理，将这两部经书撇在一旁，找到一册《伏魔杖法》，却欢喜鼓舞而去。唉，沉迷苦海，不知何日方能回头?

慕容居士居然是鲜卑族人，但在江南侨居已有数代，老僧初料居士必已沾到南朝的文采风流，岂知居士来到藏经阁中，将我祖师的微言法语、历代高僧的语录心得，一概弃如敝屣，挑到一本《拈花指法》却便如获至宝。昔人买椟还珠，贻笑千载。两位居士乃当世高人，却也作此愚行。唉，于己于人，都是有害无益。”

所以，交易重要的不是技术，而是思想。技术为“术”，而思想为“道”。道为体，术为用。有道者术能长久，无道者术必落空。学术先需明道，方能大成。学术若不明道，终是小器。故道为纲，术为目，纲举目张。道为本，术为末，若本末倒置，则一世殆矣!

现在说的这些，肯定有些人不懂，感觉我在故弄玄虚。没有关系，在市场中呆的时间够久了，有一天总会懂的。

总之，我告诉自己，说技术，点到为止!

这绝不是我藏着掖着什么神秘的技术，这市场根本不存在那种东西。说实话，技术在成功的交易中占的比例比很多人想象的要小，也绝不是所谓“干货”。技术说得多了，总是会害人!而且受害的人永远比受益的人多。因为，市场亏钱的人永远是比赚钱的人多。

交易技术本就是一种参考，其门类繁多，很多交易系统之间相互矛盾，懂得太多，似沉迷苦海，必然忧心忡忡。

在市场中，同时在多个交易系统中徘徊，最后可能连单都不敢下了。如同还没有打仗就愁死在了军营里，丢不丢人？

交易不像其他的大多数行业，懂得越多越好。交易技术越简单越好，越纯粹越好！简单纯粹思维才清晰，才好执行。老子的《道德经》曰："多则惑，少则得"。用在学习交易技术上，再合适不过。

任何技术理论不以实际操作为目的，都是耍流氓！

第十七节

附：实盘推演

任何技术理论不以实际操作为目的，都是耍流氓！下面就结合前面部分技术分析理论，和大家在实际操作中聊一聊。

市场是不可预测的。因此，笔者并没有按照常规套路，刻意去找一些符合前面所说的技术分析的典型走势图，那样总是有忽悠大家的嫌疑。而是在一个具有代表性的真实标的中，随机以一段上升趋势为起点，和大家一起进行推演。相信这样的方式，更能让交易接近真实，拓展交易的思路。

至于标的是什么，不重要。对此不要有“分别心”，名称只是一个代号而已。这些走势有可能出现在任何你所交易的标的中，大同小异而已。我们重点要了解的是技术分析的思路，只有这样，今后无论遇到什么标的，都不会感到迷茫。

如图 1-54 所示，这是一段典型的上升趋势图，波段低点与高点都递增。对于上升趋势的判断，相信大家应该都没有问题。下降趋势相反，就不在这里详细说明了。

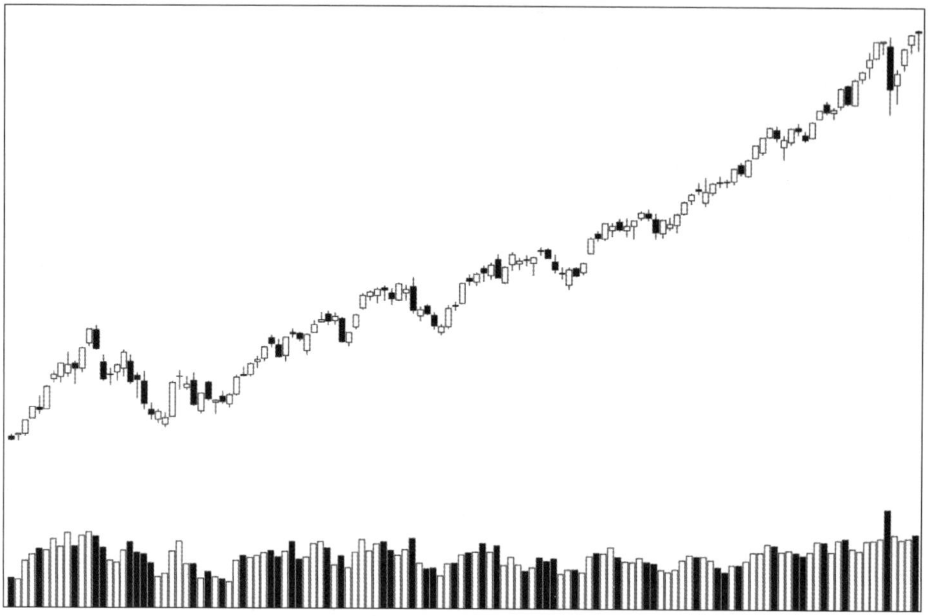

图 1-54　上升趋势

在这一段上升趋势中，我们在任意点位进场做多或者买股票，理论上都没有问题。按照前面所述的两种典型的进场方式，我们来看一下。

突破进场：如图 1-55 所示，箭头处就是前期波段高点被突破的入场或者加仓点位。突破点位一般需要有相应的成交量配合。就是当天的成交量至少比过去几天要放大一些，但没有必要去纠结到底应该多大，要大百分之多少，不用钻这个牛角尖。成交量代表市场参与的热情，使得突破更加积极。如果突破的量比较小，说明交易的参与者对此次突破关注度都不怎么高，那突破就有可能失败。

另外，往往在一段正常的上升趋势中，价格上涨阶段，成交量也会相对放大，而在下跌阶段，成交量会相对缩小。

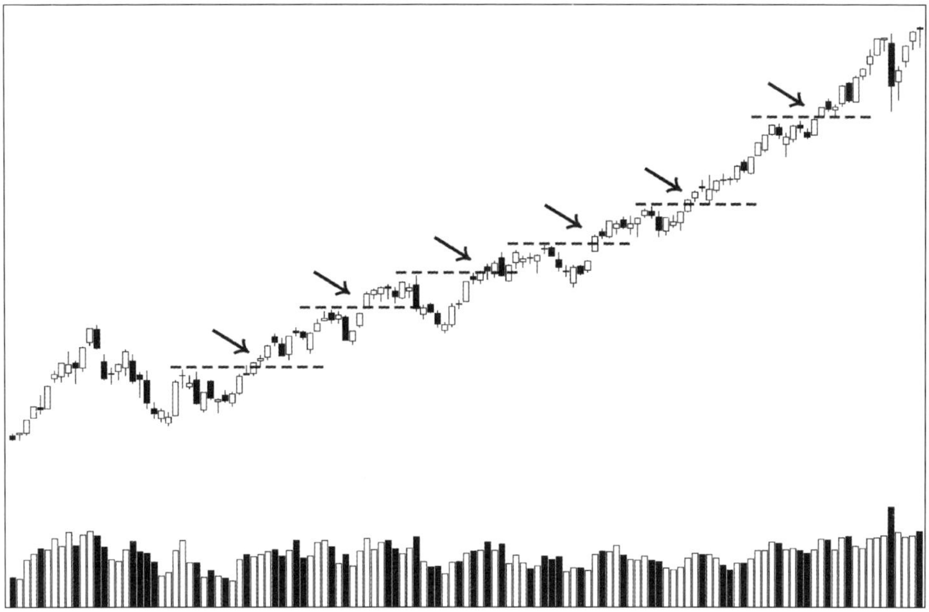

图 1-55　上升趋势中的突破进场

回调进场：如图 1-56 所示，找出趋势中相对明显的波段低点之后，

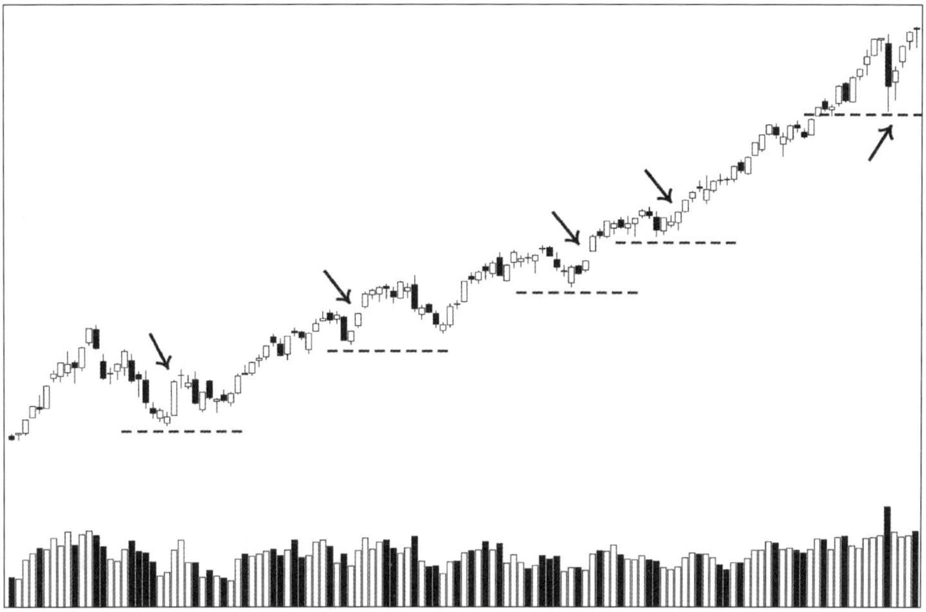

图 1-56　上升趋势中的回调进场

在新一波回调没有跌穿上一波低点，并且在箭头指的地方，开始按照原有上升趋势拐头的时候进场或者加仓。当然，此图中这些波段低点虚线，也作为入场后的止损点参考。若此处被击穿，视为这段上升趋势结束，必须先离场，或者在双向交易市场中，可尝试做空。

我们继续此标的后续的走势，如图 1-57 所示，转眼间，前一个波段低点被跌穿，走势做了一个类似“M”的小头部。我们无法预测后期市场的走势，但是市场给了我们危险的信号，所以，多单或者股票必须先离场，注意，是必须离场！这是我们制定的规则，必须按此执行。大家记住，在市场中生存，只有一种幸运儿，就是能严格遵守已制定规则的人！

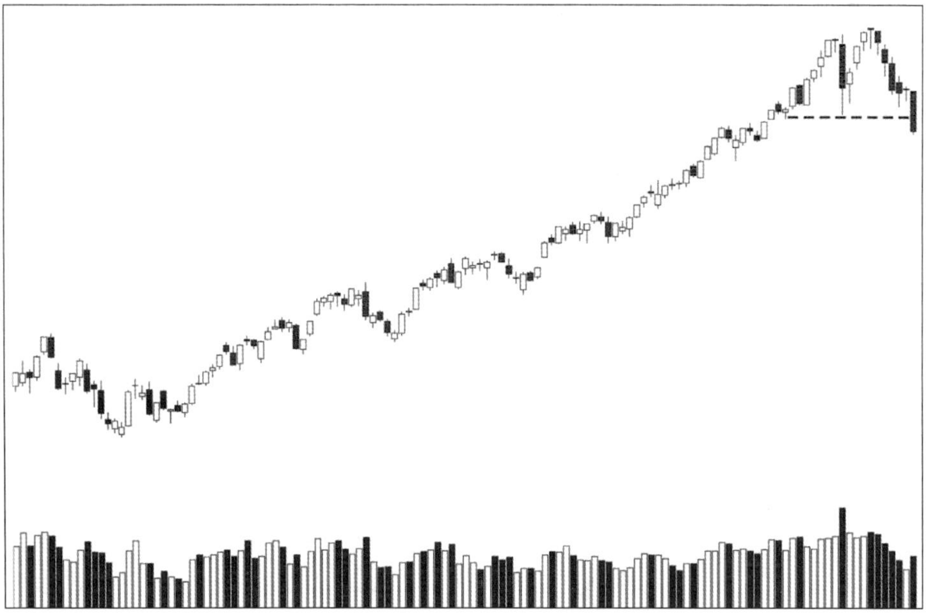

图 1-57 M 头出现先离场

虽然这不代表我们就能预测市场将从此向下走，但若不按照制定的规则执行，我们的交易将失去依据，后果不堪设想。

在双向交易市场中，此时可开少量空单试仓，止损位在此图最高点处即可。若最高点处离空单开仓的成本超过投入资金 10% 的止损值，就要以 10% 止损值以内为止损，严格把控制风险在自己心理可承受的范围。这些前面我们都有详细的阐述。

我们换一个方法，以前面所谈到的画趋势线止盈的方式，看看这段走势：

如图 1-58 所示，趋势线在这段趋势中，稍微提前一些被下跌击穿。以趋势线为止盈标准的交易者，也必须离场。

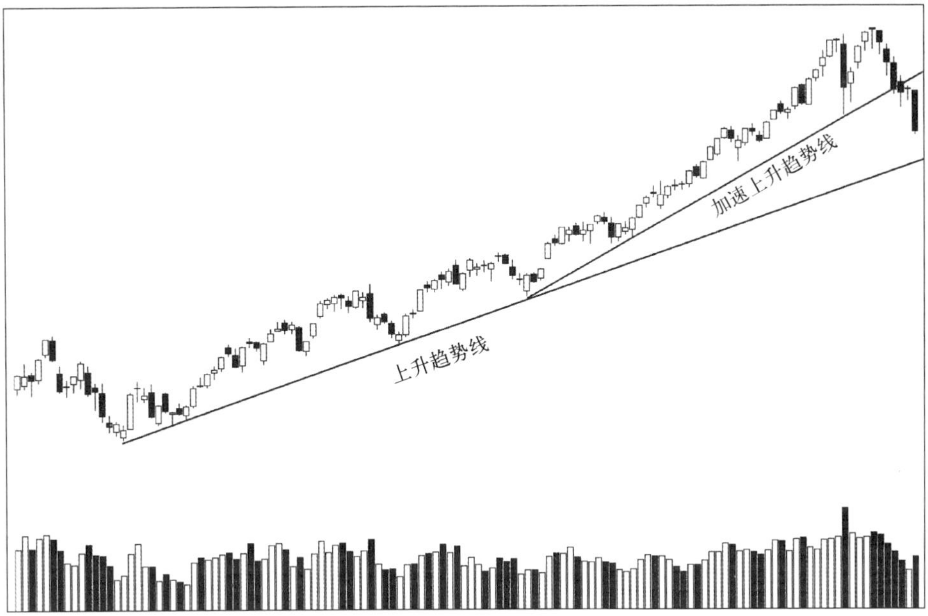

图 1-58　加速上升趋势线跌破离场

这里大家注意一下，趋势线必须根据趋势走势的发展进行调节。所以，底下的那根基本的趋势线在趋势发展的过程中用来止盈的话，就有点迟钝了。当然，如果你说你眼光长远，持有的标准就是底下的这根基本的趋势线，那另说。我们止盈主要是以利润最大化为目的，一般以上面的那根加速趋势线为新的止盈标准。一旦加速趋势线被跌穿，多单或者股票就先离场，把利润兑现。这样也算对得起市场赐予的这波不错的趋势。

我们接着往下看后面的走势。

如图 1-59 所示，之后的走势下跌比较迅速。若之前没有在前面那段上升趋势被破坏的第一时间出场的多单或者股票持有者，将在接下来这段下跌中，不仅损失较多的资金，在心理上也是很大的折磨，也可能因为在短期内下跌太多而下不了手止损了。如果行情一路朝下，一直不止损，自己的这笔交易也就完全失控了，处于随波逐流的状态。那交易者就会沦落为市场的“流浪汉”。这时候，“交易”这两个字已经不是再适合他，因为交易是主动地去市场买卖，控制风险。而被动的一直亏损，不采取措施，最多只能叫“焦虑”。

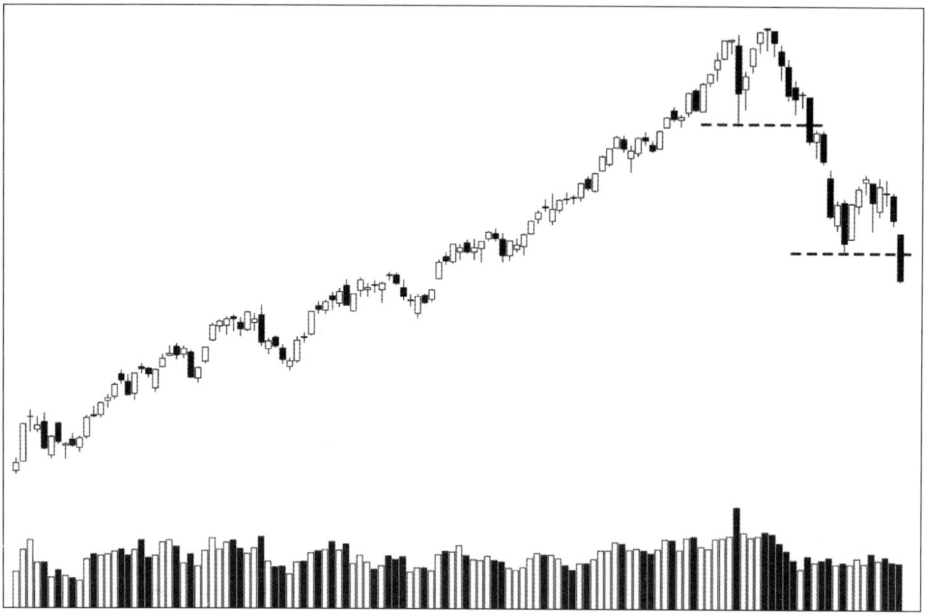

图 1-59　跌破趋势线后的走势

在图 1-59 中这段下跌出现了第一个反弹之后，又继续突破向下。理论上，空单持有者可以考虑此点加仓。关于加仓，前面也有详细的说明，这里就不多说了。

我们继续看图。如图 1-60 所示，市场的脾气谁也摸不清，空头刚加完仓，就必须要平仓出局了。因为多头涨过了前一个下跌波段的高点，证明这段短暂的下降趋势结束。这轮跌势空头如果有加仓操作，那几乎没赚到什么钱，但完全可以注意保本的操作。

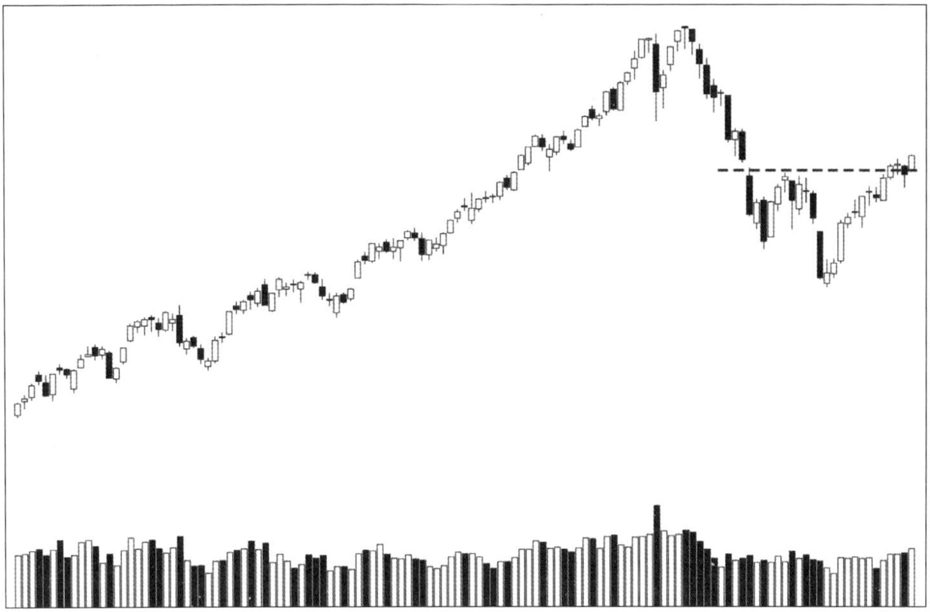

图 1-60　跌破趋势线后的反弹

此时，我们可以考虑多单或者股票重新少量买入进场。之前那段上升趋势没有离场的人，可能会有点小得意，感觉自己捂得对，走势又涨起来了不是吗？

该说的都说了，如果有人还有这样的想法，把风险控制视同儿戏，就只能说他早晚会被自己害死。

我们接着看走势。

如图 1-61 所示，走势向上突破以后，做了一个很大的向下回撤。如果此回撤让多单本金损失超过 10%，我们要先止损出场。如果没有超过 10%，并且在自己心理能承受的范围内，就可以继续持有。之后的走势证明，这是一段上升趋势，用黑点标出的波段低点也不断递增，只不过这段上升趋势没有之前那段上升趋势流畅，回撤都比较大。相对这样的走势，入场或者加仓的时候，使用回调进场的方法效果比较好。如果用突破进场的方法，回撤幅度一旦过大就会面临止损的压力，因为总是买在波段的最高点，后面要承受很长一段时间的浮亏。

当然，这些都是马后炮，因为趋势初期，是不可能知道趋势会怎

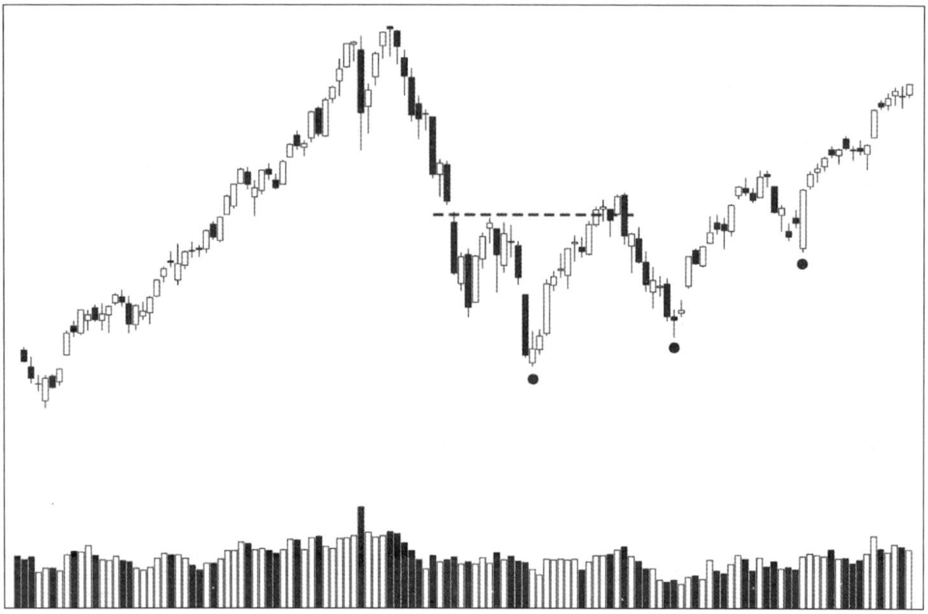

图 1-61 跌破趋势线后形成新的趋势

么走的，你只能按照自己提前制定好的计划来。如果突破入场或者加仓打到止损，必须出场。哪怕宁愿错过一段行情，也绝不让自己冒太大的风险。因为，行情可以再有，但风险一旦形成，就可能一夜回到解放前，失去今后继续交易的资格。

做交易，时刻要明白轻重缓急，才能立于足市场生存。

我们看看之后的走势发展。

如图 1-62 所示，这段近 3 个月动荡的上升趋势，在跌破前一个波段的低点，也就是图中虚线处，正式宣告结束。如果用趋势线止盈的方案，会早一点出场，但出场价位差不多。

若是多单或者股票从虚线处出场，这一段趋势几乎是赚不到什么利润的。但大家注意图中的箭头处，还记得我们之前说过的有一种上升趋势的出场方式吗？走势不能越过前一段波段的高点，走弱调头就出场。如果你采取这种出场方式，还是有一段不错的利润地。

不过就算你没能在这段趋势中挣到钱，也不用灰心，在市场中久了，也就习惯了，不必把得失看得太重，你遵守了自己的原则，你就

图 1-62　波段前高点的参考意义

是一名好的交易者。永远记住，交易的灵魂是风险控制。如果高回报是以高风险，甚至忽略风险的代价换来的，那赚到的钱只是市场暂时借给你的，市场迟早都会让你连本带利还回去！

我们接着看图。

如图 1-63 所示，上一段上升趋势被跌破以后，若是做空，将遇到一个比较大的回调幅度，说不定还将止损。虽然目前走势还没有完，但大家注意图中的黑点位置，波段高点是递减的状态，虚线的处两个波段低点也出现了递减的情况，说明走势偏空。

因此，在最近一个波段高点没有被涨破的情况，我们依然把这段走势视作下降趋势。

这里顺便说一句，图片结尾箭头处，笔者特意留了一根类似于 K 线技术的中的“单针探底”的 K 线。往往被 K 线技术分析者视为是止跌反转的信号。我们继续看看后面所谓的 K 线技术到底效果怎么样。

如图 1-64 所示，止跌信号似乎没有起什么作用，下降趋势突破

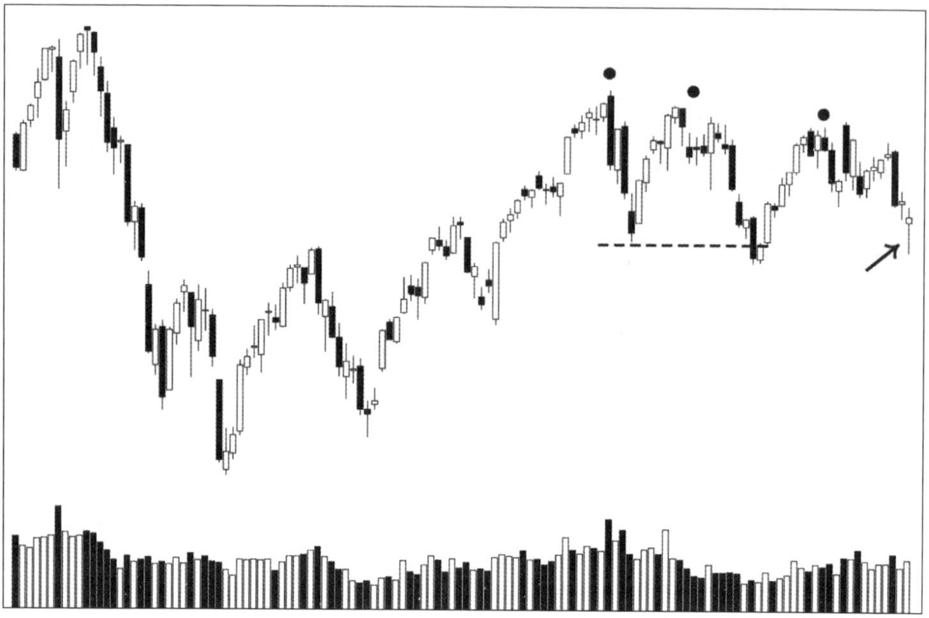

图 1-63　高点依次降低

前一个波段低点，继续下行。

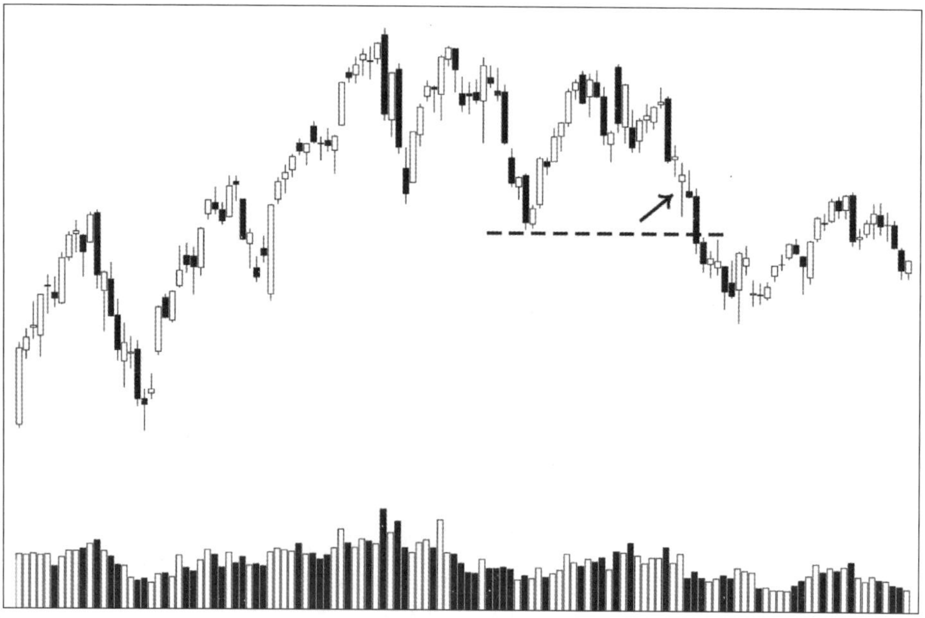

图 1-64　破位向下形成头部

这有可能让一些使用K线技术者不满，他们会说K线技术也是要配合趋势来用的，单针探底如果是在上升趋势中，成功率才会高。那笔者想问，那到底是趋势起的作用，还是在趋势中搞类似K线技术的小花招起的作用呢？

既然都是趋势交易者，就好好做趋势吧。在趋势中使某些小花招虽然看上去效果都不错。但要搞清楚，这是趋势的力量让其效果不错，而不是小花招的自身有多大力量。小花招只能暂时地吸引别人的眼球，不要让自己沉迷于这些小花招上，反而失去了的大局观。

莫里斯蒂克斯坦说："时间对于别出心裁的小花招，是最无情的。"而恰恰我们发现，真正了不起的东西，比如趋势，却永远是傻不拉叽地在那里。

接着来看图。

如图1-65所示，很快一根带量的阳线，突破前一段波段的高点，结束了这段下降趋势。

图1-65　上升趋势后的整理形态

在这里要重点讲一个格局的问题。

大家看，虽然随着图中最后这根阳线突破前一段波段的高点，带来了一段上升趋势，但从大方向上来看，下降趋势也没有算是真正意义上的消失。但你不用纠结，还记得我们在说技术分析之前，那几张让人视角上模棱两可的图片吗？都是公说公有理婆说婆有理。

在这个地方，空单出场对不对？对。做多或者买入股票对不对？也没有错。虽然空单是必须按照规则出场的，但若是做多或者买入股票，我们就必须多加留意一些。这里我们就不讲什么上方压力巨大，上涨空间有限这样的话了。我们作为重点关注趋势的交易者，应该这样说：毕竟目前的这个上升趋势的规模还比较小，而且是在一个更大的下降趋势之内运行。似乎符合主要趋势是下降趋势，而这段上升趋势是次要趋势的定义。

大家在这里做多或者买入股票时，仓位必须要轻，不能满仓去操作，而且止损要严格。当然，有些保守的交易者，会在这里选择观望态度。

我们先看后面怎么走，再接着谈这个问题。

如图 1-66 所示，走势向上突破后，经过一段小震荡，以一根跳空大阴线的暴力下跌方式，同时跌穿了加速上升趋势线、上升趋势线以及上升趋势的前一段波段低点。

这一小段上升趋势的被野蛮地斩杀以后，就可以认定它为一段主要下降趋势的次要上升趋势了。按照技术分析的形态学来说，属于下降趋势的旗形整理中继形态。

小趋势还是没能逃脱大趋势的“魔爪”。当然，这里趋势规模的大小是相对的。如果我们把走势图压缩，看到更大的周期走势，那目前这张图中的走势又只是更大趋势中的小趋势。但趋势太大，我们只能用来参考，操作意义不强。

比如我们以年线的眼光看待趋势的大小，我国市场的历史走势图，几秒钟就可以看完。以时间单位如此巨大的走势为交易的时间标准，我们操作起来就会很想死。因为，一个趋势回调就可能好多年。毕竟，我们人类目前生命不过匆匆数十年，如果一定要站在时间这么长的时间高度去看待市场，那我们的交易账户就只能做好传宗接代的

图 1-66　走势变盘的标志

准备了。当然，很多标的都不一定能有这么长的寿命。

看图 1-66，这根大阴线是多单或者股票必须要逃命的地方，也是空头入场的地方。大家遇到这种大跌，如果之前是做多的，出场想必是十分难受的，因为损失可能比较大。于是很多投资者不甘心出来，总认为大跌之后，市场会反弹，到时候再离场。确实，有很多爱贪小便宜的投资者会不顾趋势，逢低买入。以为市场大跌和商场搞活动打折一样，纷纷去抢购。

但就算后市上涨了，到时候就真的会离场吗？人往往看到涨起来了，就又不舍得走了。何必这么优柔寡断，明知道已经处于一段下降趋势中了，不如干脆给自己爽快的一刀止损。

如图 1-67 所示，箭头处是那根大阴线，后市一路下跌，黑点处是这段下降趋势递减的波段高点，下降趋势可见相当健康。而在箭头处那根大阴线入场做空的趋势交易者是久旱逢甘露，迎来了一波流畅的下降趋势，一解之前磨叽的行情之苦。而那些在初始那根大阴线处没有舍得走的多头，不知道是在哪里走的，或者说一直没走，一直死扛着，忍受折磨，烧香拜佛。交易中最尴尬的事，莫过于经过一番坚持后，行情慢慢变成你最不想看到的样子。假如在有杠杆的市场，那些在这一段走势中不止损的“多头”们，应该早已不止爆一次仓了吧。

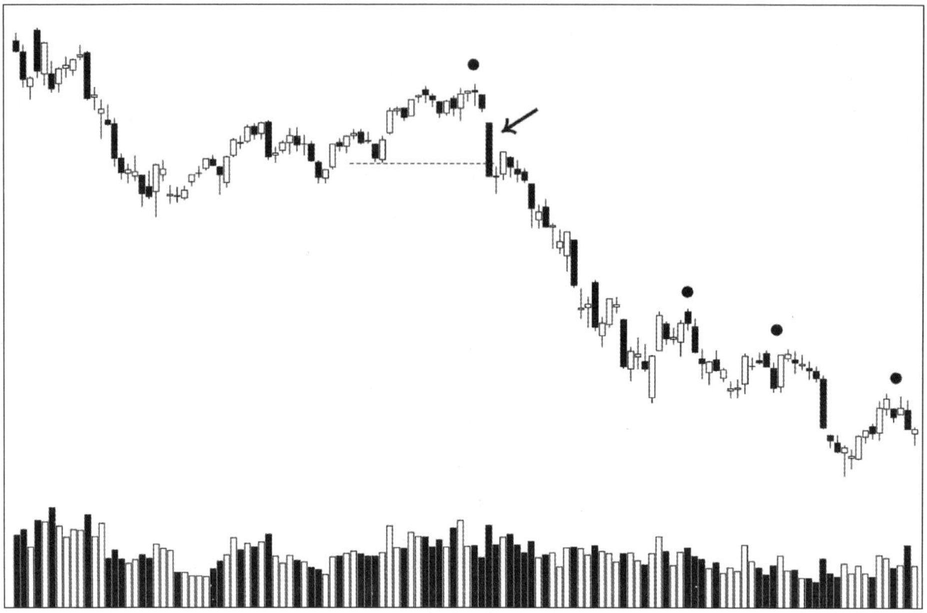

图 1-67　上升趋势后转入下跌趋势

如图 1-68 所示，后面的走势就是下降趋势结束。第一个箭头突破处可以轻仓试多单或者买入股票，第二个箭头突破处可以加仓。之后迎来一段顺畅的上升趋势。

仿佛回到了本节开篇处，完成了一个循环。

篇幅有限，推演到这里就正好告一个段落。

只要市场在，走势图就会一直延续，我们这种走势推演就可以像一部永远不会结束的电视剧那样，一直播放下去。

最后，再次强调一下，上面推演的这个标的，笔者可以用自己的交易账户起誓，绝对是随机抽取的一段市场中再平常不过的走势，肯定不是什么疯狂的大牛市或者大熊市。笔者和大家一样，都是一边写文章一边推演这段走势的。这样才做能把最真实的交易视角和思路，与大家分享。想来这是很多关于交易的书中，不会去做的事情。

图 1-68　下跌趋势后再转入上升趋势

虽然不同的标的走势会千差万别，还有很多聊不完的细节，但市场总体的规律是不会变的，因为人心不变。上面的走势推演也只是交易中的冰山一角，但万变不离其宗。金融市场涨涨跌跌，周而复始几百年。别忘记技术分析的三大公理之一“历史会重演”。

今后在交易实操中遇到的各种状况，还有待大家慢慢地去摸索和探究。等待未来的不确定性恰恰是交易的魅力所在。当然，笔者以后有机会，还会和大家一起做类似的市场走势的推演。

第二章

交易思想与交易哲学

我们总不能因为不服市场的走势，自己在家里开一个盘，自己骗着自己玩吧。

第一节

市场：永远是对的

绝不要和愚蠢的人争论，他们会把你拖到他们那样的水平，然后回击你。

——马克·吐温

“市场永远是对的。”

这句话，至少以笔者有限的能力，完全看不出什么问题。但市场中竟然会有人质疑这句话，可见人类在吃饱以后是有多么的可怕。

当然，对于每个人的观点，我们都不应该一开始就采取鄙夷的态度。要论证一句话是否正确，我们可以先把这句话反过来看：

“市场永远是错的。”这句话听上去虽然莫名其妙。但我们把智商先放一边，假设这句话成立。

什么叫市场永远是错的？

比如，市场显示今天是一根大阳线上涨，但因为它永远是错的，这个大阳线就肯定是错的。也就是说，今天市场除了它显示的这根大阳线的以外，其他的都有可能是对的。我们先把大阳线排除，今天真实的情况可能是一根小阳线，可能是一根大阴线，可能是一根小阴线……反正除了大阳线以外，各种情况都可以有，不确定。

不确定，我们该如何做交易呢？我们的交易的买卖和结算就没有参照标准。

那接下来的推论就简单了，交易买卖和结算都没有参照标准，那这还叫交易吗？交易这种事情在这个市场中根本就不存在了。交易都不存在，我们还在这里谈什么呢？谈恋爱吗？

那大家可以散了，都回家洗洗睡了。

所以，“市场永远是对的”这句话，其实是一句废话。

什么是废话？就是最无懈可击的话！只有承认市场永远是对的，交易才可能存在。

不难理解，有些人不想承认市场是对的，是因为他认为市场的走势有时候很荒谬。他可能通过结合自己到处收集的各种财经数据和情报分析，认为市场行情之后应该如何走，但结果市场没有按照他的想法走，他就对市场很失望，他认定自己的分析是对的，认为市场错了。

我们做交易的，不管你对市场走势有什么想法，那是我们交易买卖和结算的唯一标准，哪怕你认为市场一点道理都不讲，有一天指数跌得只剩 1 个点了，它也是我们交易的标准，它也是对的。我们总不能因为不服市场的走势，自己在家里开一个盘，自己骗着自己玩吧。

每个时代、每个行业、每个人都有自己的宿命。我们做交易的，市场走势就是我们的宿命。假如你认为市场走势不对，欺骗了你，不要悲伤，不要绝望，因为明天，后天，大后天，市场还会继续欺骗你。

市场永远是对的。虽然你可以跳出来质疑它，但没有什么用。

除非你不做交易了，否则你依然要以它为标准进行交易。很多人一边要质疑市场，一边却又想从市场中捞到好处，搞得像人格分裂一样。

何必让自己这么难堪呢？承认市场，不是更好吗？

注下得太大，心态早晚会爆炸！

第二节

过量交易：注下得太大，心态早晚爆炸！

> 冒险没有关系，但当承担风险时，不要赌上全部财产。
>
> ——乔治·索罗斯

有很多投资者在市场中，每天过得提心吊胆。

心脏跳动随着市场的走势，一会儿快，一会儿慢，甚至一会儿可能还停几下。交易对他来说，不仅是折磨，还减寿。长此以往，哪怕赚到钱，也可能没多少时日可以花了。

这不完全是调侃，除了各种精神问题，因为交易患上心脏病、高血压以及各种身体疾病的也大有人在。

真是不理解这些人，日子过得好好的，为什么要找这罪受。此刻笔者真想起身为这些献出健康的交易者敬礼！

这种人除了极少数天生心理素质很差以外。大多都是因为自己交易操作不当所导致。

这里要着重说一个几乎让所有交易者都能陷入不安的情况，就是过量交易。

什么是过量交易？

就是用超出自己承受能力的钱去做交易。比如，用自己所有攒下的钱、孩子上学的钱、养老的钱、买房子的钱，甚至是自己吃饭的钱、卖血的钱、借高利贷的钱等等去做交易，这样的心态会好吗？亏光了怎么办？下半辈子吃什么啊？

注下得太大，心态早晚会爆炸。

正是因为自己的资金被背负了太多的期望，在交易中亏一点钱就想死，赚一点钱就想跑，盈亏都很不舒服，导致交易很难按照制定的规则去做，想做好交易几乎不太可能。

在这种情况下，高手能做好都很难，更何况是普通人。

我们想做成功一件事，心态的因素占了非常大的比例。

比如，一个优秀的乒乓球运动员，他和一个平时他几乎不可能输的对手打比赛。但附加很多他必须要赢的条件。

在这种条件下，这个乒乓球运动员发挥出的水平很可能就会比平时下降。由于紧张，肌肉可能会僵硬；思绪增加，反应也可能会变慢。每一个球对他来说都是一种煎熬，压力巨大。他以这样的状态去比赛，赢面自然会大幅减少。

我们终究是凡人，生活在物欲的世界，很难摆脱尘世的纷纷扰扰。正是人的贪婪，才会使得有些人会过量交易，而这是一条通往地狱的路。它会使上帝为他关上了门的同时，忍不住顺便把窗户也关上，再帮他打开煤气开关。

接下来，就等他自己慌乱之际，想点支烟冷静一下了。

退一步说，就算之前侥幸这样赚钱的人，他心里已经住着一个魔鬼了，今后他若老老实实生活还好。一旦他贪念再起，总是一次次用更多的钱去过量交易，那他早晚要被恶魔吞噬，直至再无翻身之日。

因此，交易只能用闲钱。

闲钱是什么？这钱没有了，不影响你维持正常的生活，输了虽然会有些心痛，但也能想得开。

至于用多少闲钱做交易合适，就根据个人条件而定了。

比如，有的人有几千万的闲钱，他全部投入市场买进卖出，心中没有任何挂碍；有的人就几万元的闲钱，他用几千元钱做交易，便开始紧张了。总之，你用于做交易的资金，除了是闲钱，还要以自己能吃得下饭、睡得好觉、心情放松为标准。因为只有比较好的状态，你才能去很好地执行交易规则。

另外，如果用杠杆在市场中交易，也绝对不能满仓交易，因为保证金交易制度，资金被放大了，等于还是借钱交易，和过量交易的性质一样。所以，在杠杆市场中，要时刻注意仓位的管理，毕竟爆仓不是闹着玩的。

当然，总是有一些“生猛彪悍”的人，对此不以为然，认为自己资金本来就小，再控制一下，钱来得慢，还做什么交易？他做交易就是要发财。于是，就想办法筹集七大姑八大姨，甚至不认识的人的积蓄，全部“梭哈”进市场。最后不把自己输得走投无路，都不知道自己原来有多犟。

这样的赌徒，市场中天天都有，不新鲜。人为财死，鸟为食亡。有的人就是“今朝有酒今朝醉”，自以为很潇洒，自以为再不疯狂就老了。

疯狂过后发现老的更快！

做交易，如果贪婪，必死于贪婪。希望所有的交易者，都稳重一些，热爱生活，珍惜生命，善待金钱。

毕竟，人生不如意十有八九，剩下的一二，还是特别不如意。市场如战场，我们心中早有一份“醉卧沙场君莫笑，古来征战几人回”的悲凉，何必再去有更多的放荡。

小级别的趋势，就好比一艘小船，在水中摇摇晃晃，速度看上去虽快，但一个浪打过来就很容易翻船。想驾驭好这种小船，除了专业训练和经验，更多的还需要一些天赋；而大级别的趋势，就好像一艘航母，虽然看上去很笨重，但航行却相对平稳，抗击打能力强。

第三节

频繁交易：不一定平凡

> 每一个不曾起舞的日子，都是对生命的辜负。
>
> ——尼采

大家一定听说过频繁交易，也听说有些人把频繁交易作为交易的忌讳。

在这里，并不想把交易频繁不频繁作为一种衡量交易好坏的标准。毕竟，近些年国际市场上的兴起的高频交易公司很多，它们的交易全部由电脑完成，并且速度以毫秒(1 毫秒 = 0.001 秒)为单位，每天交易无数次。公司中只有程序员，罕有交易员。

天下武功，唯快不破。目前，国际上做得好的高频交易公司，已经可以非常稳定的盈利了。这也许是未来在人工智能大环境下，交易的一个重大的方向。

当然，这样的高频交易，我们普通交易者做不了。除了需要相当先进的技术和人才之外，硬件要求也十分苛刻。听说有的公司仅仅为了能让行情速度提高 1 到 2 毫秒，每年就需要多花费几千万美金的额外费用，更别说其他设备要求了。

我们所谓的交易的频率，指的是毫无章法地频繁做交易，这当然是不可取的，无异于是自取灭亡。而有严格章法和规则的频繁交易，像上面说的高频交易，确实也是可以稳定盈利的。

所以，我们暂时不把重点放在交易频率的问题上。笔者就问，市场真的能给我们普通交易者这么多好的交易机会吗？全球虽然有众多的交易市场，24 小时运转，但凭一己之力又能兼顾多少？

就实际操作而言，除了炒单的以外，就算是在 T+0 的市场中做日内的交易员，也不可能每天都保证在自己的视线范围内有好的入场机会。但奇特的是，有的人竟宣称自己在 A 股市场做所谓“T+0”，每天进进出出，忙得不亦乐乎。到头了，一算账，反而比老老实实一直持有某只股票的“傻瓜”亏得多得多。自以为是什么高级的“超短线交易法”，到头来只不过是“花样作死交易法”。

我们抛开专业级别的日内交易和高频交易不谈，对于普通的趋势交易者来说，首先要知道，检验趋势稳定程度重要标准就是时间。同样是一段趋势，小时级别肯定要比分钟级别稳定，日级别肯定要比小时级别稳定，周级别肯定要比日级别稳定，以此类推。毕竟，造就它们产生的资金量，都不是一个量级的。

小级别的趋势，就好比一艘小船，在水中摇摇晃晃，速度看上去虽快，但一个浪打过来就很容易翻船。想驾驭好这种小船，除了专业训练和经验，还需要一些天赋；而大级别的趋势，就好像一艘航母，看上去很笨重，但航行却相对平稳，抗击打能力强。我们普通交易者登上航母以后也比较踏实，除非市场有巨大的力量把它击沉，否则改变这种大趋势是费时费力的。

而大级别趋势的交易机会，每年是有限的，根本无法构成频繁交易的条件。当然，你一定要去做小级别的趋势，谁也拦不住，体验一下也是好事。笔者也做过一两年的期货日内交易，学到了很多东西。

之所以写这篇文字，就是想告诉那些还苦苦在市场小级别波动中挣扎的投资者，试着把眼光放长远一点。也许，把你交易的时间级别提高一两个等级，会有不一样的视角，看到不一样的风景。

除了来市场中找寻刺激的人以外，我们交易主要目的，是为了获取稳定的收益。一个人有交易机会想做，没有交易机会也想做，必然在心态上已经出了问题。

至于交易频不频繁，根本不用去纠结。假如市场频繁给机会，那就频繁做。

当然，一般是不可能的。

交易大多数时候，我们都只能像个猎人一样，趴在草丛中默默等待，猎物出现的频率不会太多，开枪的机会也寥寥无几。只有莽夫才会不管有没有猎物，端着枪在森林中乱打一气，最后子弹打光不说，还会把周围的猎物都吓跑。

在交易中，子弹就是你的资金，猎物就是你的财运。各位，且行且珍惜吧。

如果你想以最快的速度亏得六亲不认，亏损加码是最好的办法。

第四节
亏损加码：有“毒”的操作

> 为了掩盖谎言，就必须制造更大的谎言。
> ——东野圭吾《只差一个谎言》

有时候人不倔强一下，都不知道什么叫绝望。

笔者人生中第一次巨大的亏损，是期货的铁矿石爆仓。当账户被期货公司强平以后，脑袋里面一片空白，感觉身体都被掏空了。当时不仅心痛失去的是自己几乎当时所有的积蓄，更加悔恨自己犯了一个看上去十分低级的错误——亏损加码。

什么是亏损加码？

就是在亏损的账户上不断追加仓位，以谋求摊平成本。

这个看似十分“聪明”的办法，是交易中最美丽的陷阱。如果你想以最快的速度亏得六亲不认，亏损加码是最好的办法。

国际上无数著名的交易亏损甚至破产事件，都在交易中涉及亏损加码。这些事件中，有些已经被改编成电影，比如：《魔鬼营业员 Rogue Trader（1999）》（由尼克·利森所著的自传《我如何搞垮巴林银行》一书改编，讲述的是1995年尼克·利森金融欺诈的故事，他因操作金融衍生产品而造成巨亏，导致有233年历史的英国巴林银行在一夕之间倒闭。）和《局外人 L'Outsider（2016）》（改编自2008年时震惊全球的“500亿欧元交易弊案”，31岁的巴黎交易员杰宏柯维耶在未经授权下进行金融买卖，涉及的投资金额高达500亿欧元，几乎导致法国兴业银行倒闭，更引发全球金融大爆发。）

下面给一些刚入门的投资者简单说一下什么是亏损加码。

比如，在股票市场，我们在10元的价位买入100股某只股票，我们的账户上的部分信息大致会这样显示，如表2-1所示。

表2-1　股票账户信息

证券数量	成本价	当前价	浮动比例	浮动盈亏	最新市值
100	10.00	10.00	0%	0.00	1000.00

假如后市不止损，这只股票一直跌到5元，那账户上的部分信息会变成这样，如表2-2所示。

表2-2　账户信息变动

证券数量	成本价	当前价	浮动比例	浮动盈亏	最新市值
100	10.00	5.00	-50%	-500	500.00

也就是说，这只股票要想回到你购买10元价位，要涨100%才行。这个时候，假如我们在5元价位再买入100股，账户因为两次购买价格的不同，会自动把价格平均化，如表2-3所示。

表2-3　账户信息更新

证券数量	成本价	当前价	浮动比例	浮动盈亏	最新市值
200	7.50	5.00	-33.3%	-500	1000.00

这样乍一看，成本价被平摊到了7.5元，等于是说，这只股票只

需要涨 2.5 元，也就是上涨 50%，就可以解套了。

这种操作是不是很诱人？这样的越跌越买的操作就叫亏损加码。

也许还有些人很懵，觉得这是一种好的方式。

大家注意，拿以上面两笔操作来说，聪明的人会发现，亏损加码以后，其实亏损的金额是不变的，亏损还是这么多。只是说，账面上变的“美观”了一些。当然，如果后市真的涨起来，解套的价格确实变成了 7.5 元。但有个前提，你能预测这只股票就能涨到 7.5 元吗？如果继续跌呢？你的损失会以之前的两倍继续亏损。因为你之前持有是 100 股，现在持有是 200 股。

换个角度分析这个问题的，如果我们把亏损加码的操作账目用最简化的流水账方式展开看，不看系统合并、摊平成本等那些的花里胡哨的东西。假如还是这只股票，这次我们从 10 元开始买入，每下跌 1 元，我们买 100 股，将会是这个样子：

当前价位：10 元，操作：买入 100 股，浮动盈亏：0；

当前价位：9 元，操作：买入 100 股，浮动盈亏：-100；

当前价位：8 元，操作：买入 100 股，浮动盈亏：-300；

当前价位：7 元，操作：买入 100 股，浮动盈亏：-600；

当前价位：6 元，操作：买入 100 股，浮动盈亏：-1000；

……

单从账面浮动盈亏上来看，我们第一感觉是不是觉得这种操作很智障，滚着雪球亏。

所以，亏损加码，摊平成本，一旦玩砸了就覆水难收了。最为重要的，亏损加码的本质是逆势交易！所以从概率上来说，它非常有可能只是在加速你账户的消耗。

当然，你可以说自己之前炒股就是靠这招解过套，觉得这招很有效。因为股票越跌，它涨的几率就会越高。

首先，恭喜你当初的侥幸，但这绝不是你得意的理由，你反而应该感谢老天让你解套或者说赚钱。再一个，是哪位大哥告诉你股票越跌，它涨的几率就越高的？一路跌下去的股票还少吗？你可能对趋势的力量一无所知。

在股票市场，“已经跌了很多”绝不是你买入的理由，这也是交易的大忌！如果关注港股或者美股的朋友会知道，国外股市中的一些股票，可以从几百元跌到几十元，你买吗？它还能继续从几十元跌到几元，你买吗？它还能从几元跌到几毛，几毛跌到几分，几分跌到几厘，你买吗？它最后甚至还能跌没有！

当然，你会反驳，说那些大跌的都是小盘垃圾股。这还真不一定，在国外不一定，国内也不一定。

我们就以A股市场某只著名的大盘股为例，股票名字就不说了，老股民肯定都知道。如图2-4所示(月线)，它于2007年底上市，目前到过的历史最高价为46.13元，是它开盘第一天创造的，也就是出道即巅峰。之后就一路下跌，目前到过的历史最低价是6.22元。

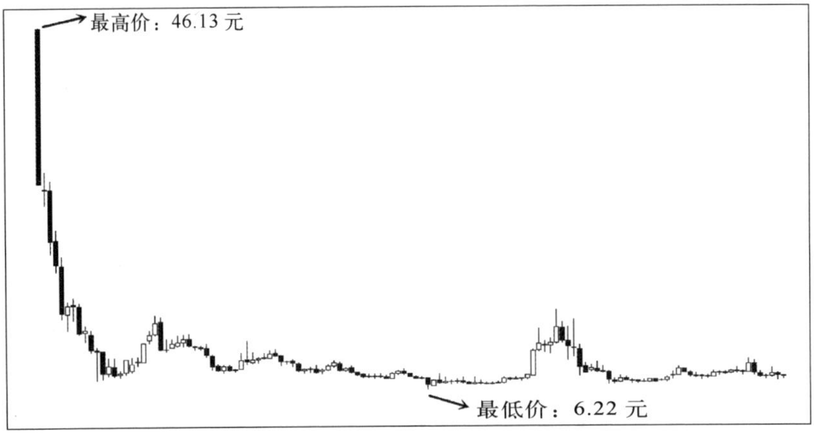

图2-4　上市后的走势

如果这只股票想要从历史最低价涨回历史最高价，要涨七倍多。假设大家在它的最高点一直亏损加码平摊下来，那要花多少钱才能解套？

每个人的钱都是有限的，当初谁都没法预测它能跌到哪。有些人跌几个百分点就忍不住开始亏损加码了，跌到半山腰就已经加得倾家荡产了。

倘若至今未解套，而且身家性命都在里面。这种漫长的等待是何等煎熬，相信很多投资者都深有体会。

遇到这种情况，让他割肉？不太现实。要有这个勇气早就割了。

就因为当初不认输，为了解套亏损加码，把一辈子都搭进去了。

仔细想来，如此做的风险报酬比如下：

一直亏损加码，对了，解套一笔交易；

一直亏损加码，错了，赔上一生积蓄。

大家觉得划算吗？这是在做交易还是在赌命？

使用这种方式交易，除了一开始下不了手止损，越陷越深的人以外，还有很多是狂妄自大的人。

说白了，亏损加码就是一种死不认输，和市场趋势对着干的行为。就是说，在市场中，把趋势视为了自己的敌人，选择了一种实力悬殊且十分悲壮的自我了结方式。

因此，理论上只有一种情况可以使用一路亏损加码的方法做交易，就是自己和市场的力量相当的时候。通俗地说，就是自己和整个市场差不多一样有钱的时候。

有梦想总是好的嘛，但愿看这本书的读者，今后能有这一天吧！

不知道是因为不理解顺势而为的含义，还是因为听得多了，产生了叛逆心理，反正其中一部分投资者偏要和趋势对着干。

第五节

顺势而为：逆势才是天性！

> 我经常要对别人说“很高兴见到你”，尽管我见到他们根本不高兴。
>
> ——捷罗姆·大卫·塞林格《麦田守望者》

顺势而为，是交易的核心思想。

有些投资者都听过几百遍了，都要听吐了。只要是讲交易的，总有“顺势而为”这四个字。但不知道是因为不理解顺势而为的含义，还是因为听得多了，产生了叛逆心理，反正其中一部分投资者偏要和趋势对着干。

“顺势而为”从字面上来看，很好理解，顺应着趋势去做。当然，你也可以理解成“顺市而为”，顺应着市场去做，都是一个意思。

关于顺势而为，没有什么好反驳的，普通交易者想要在市场中赢得利润，这是不二选择。

但为什么有些人明明知道这一点，而实际操作时却在“逆势而为”呢?

其中一部分新手，可能是不会识别趋势，这个倒是没有什么关系，因为前面已经写了什么是趋势，希望大家都能看懂。

在“逆势而为”的投资者中，有相当大一部分人，他们其实知道自己是在逆势操作，他们有些人的想法是只搏个小反弹就走。虽然这个想法看上去有点呆萌，但你非要这样做，那就严格设置一个止损位就行了。可是，常常是行情并没有按照预想的反弹，很快打到了止损，却没下得了手止损，有点不甘心，如果手再痒一点的，逆势亏损加码，然后，就没有然后了。

所以，没有收拾残局的能力，就不要放纵自己的交易。

逆势而为如果有止损保护，并不是洪水猛兽，顶多交一点学费而已。但在逆势中投资者很容易被激发出一种原始的血性，这一点就很要命。完全就是“有困难要上，没有困难，创造困难也要上”的不服输精神。

逆势操作的可怕之处，并不是一旦逆势操作就死掉，而是他点燃了无数交易者心中那股野兽般“不信邪”的冲劲儿。最终，等到斗志消退，清醒过来，账户已经凉了。

古人云：“生于忧患，死于安乐。”而交易恰恰相反，往往是“死于忧患，生于安乐”。

交易本身就是在顺势的时候好好享受，在逆势的时候尽量回避。这看上去很简单，但是对我们人来说，很难。所以为什么说，交易是违背人性的行业。因为，我们总是在逆势亏钱的时候，斗志昂扬，一顿操作猛如虎！在顺势赚钱的时候，却担惊受怕，持有头寸怂如鼠！我们天性如此，没有吃不了的苦，只有享不了的福。

因此，想要在市场中生存，是另外一套与我们天性相违背的规则：亏钱的时候就要尽快了结头寸，不能像我们的天性那样，忍受“苦日子”；赚钱的时候就要大胆持仓，不能像我们的天性那样，担忧“好日子”。

这也许就是为什么在市场中的绝大多数交易者，总是输多赢少的原因。因为大家都是普通人，很难摆脱天性。

所以，交易做得好的人，已经不把自己当人了。他在市场中，最大程度地压抑了自己本该有的天性，绝不会因为不服，和市场对着干；也绝不会因为不安，早早了结了赚钱的头寸。他们在市场中，止损时如铁公鸡般吝啬，盈利时如饕餮般贪婪。角色转换，游刃有余。他们把顺势而为的思想融入到灵魂中，不是因为他们懦弱，而是当他们是市场新人的时候，被市场狠狠地教训过多次，知道怕了，认识到自己的渺小，才对市场万般顺从。

在市场中，那些还在顽强抵抗的人，也无非就是钱亏得还不够多，被市场教育得还不够彻底。虽然你可以暴跳如雷地说：我已经亏了很多了，亏够了！

但请相信，还不够。

这就像我们手上拿着一个玻璃杯，然后往杯子里不断倒入烧开的水，开始隔着玻璃杯，也许我们还能忍受拿得住，一旦玻璃杯里开水溢出来，手被烫到，就会下意识地放开玻璃杯了。

知道真正的痛了，自然就会不执着了，自然也就放下了。

不信？请君来一杯。一杯不够过瘾？那再来三杯。

精神分析学派创始人弗洛伊德就明确地指出，人的潜意识里其实有一种作死的倾向。所以，市场确实存在小部分“生死看淡，不服就干”的“愣头青”。市场就算把他们揍得鼻青脸肿，按在地上摩擦，打陷进墙壁里面抠都抠不出来，他们也不长记性！这样的人，市场总是送走一批，又来一批。他们轰轰烈烈的交易生涯像流星一般短暂。他们亏金如土，钱像是大风刮来的。他们奋不顾身的交易精神和方式，不值得我们学习和借鉴。

复利，才是这个市场给我们最好的馈赠！

第六节

收益：复利了解一下

> 当人是兽时，钱便是他的胆子。
>
> ——老舍《茶馆》

给大家说个笑话：有些人做交易，每年资金想翻十倍。

也许你认为这不是一个笑话，毕竟，我们的市场天天充斥着这样的口号，搞得大家都习以为常了，才翻十倍而已，并不觉得有什么夸张的。

好，给大家算一笔账，初始本金绝对不多，就以 1000 元为例。

第一年：1000 元×10 倍 = 1 万元；

第二年：1 万元×10 倍 = 10 万元；

第三年：10 万元×10 倍 = 100 万元；

第四年：100 万元×10 倍 = 1 千万元；

第五年：1 千万元×10 倍 = 1 亿元；

五年前你把 1000 元拍桌子上，五年后就变成了压垮桌子的 1 亿元，就问你，惊不惊喜？意不意外？

可能很多交易者对 1 个亿没有什么概念。

第五套人民币 100 元钞，票幅长 155mm，宽 77mm，厚度 0.1mm，重 1.15 克。因此价值一亿元的百元新钞的重量大概是 1.15 吨。堆起来会形成一个长约 1.55 米，宽约 0.77 米，高约 1 米的钞票堆。就算让一个成年人来搬运，预计也要搬 2 个小时。

所以，那些一天在市场中嚷嚷着每年资金翻十倍的，都不是贪心的问题了，要不就是脑子不健全，要不就是读书时候，数学是体育老师教的。

从这一点可以看到，很多人对来到市场中来，该赚多少钱，心里根本没有数。总以为“心有多大，舞台就有多大”。可能是听说了大牛市的时候谁谁翻了多少倍，就以为每年都能翻这么多倍。

那么，在市场中每年赚多少才算一个合理的范畴呢？

找一个大家公认的优秀范本，以股神巴菲特老爷爷为例，有人做过一个统计，他累计 45 年复合收益率是 20.5%。

肯定有好多人听到这个数据都嗤之以鼻，嫌少了是不是？不过就是在股市中抓两个涨停板嘛。股市中好多人想的是，反正市场每天都有涨停板的股票，那我们就天天抓涨停板呗，还发明了什么抓涨停板战术。一天抓 10%，一年除去休市能翻二十倍，比前面说的翻十倍的还能干。只能希望这样翻的人保重，别方向翻反了，往下翻。

其实，绝大多数交易者没有资格嫌 20%的年收益率少，毕竟，绝大多数人在市场中别说是每年收益 20%，每年亏损小于 20%就已经不错了。何况人家巴菲特管理着如此巨大的资产，每年平均收益还能稳定在 20%左右。

我们按照样本的 45 为年限，每年平均收益 20%来计算，最后看看巴菲特能把我们前面的 1000 元初始本金能变成多少？

第一年：1000 元×1.2 倍 = 1200 元；

第二年：1200 元×1.2 倍 = 1440 元；

第三年：1440 元×1.2 倍 = 1728 元；
第四年：1728 元×1.2 倍 = 2074 元；
第五年：2074 元×1.2 倍 = 2488 元；
第六年：2488 元×1.2 倍 = 2986 元；
第七年：2986 元×1.2 倍 = 3583 元；
第八年：3583 元×1.2 倍 = 4300 元；
第九年：4300 元×1.2 倍 = 5160 元；
第十年：5160 元×1.2 倍 = 6192 元；
第十一年：6192 元×1.2 倍 =7430 元；
第十二年：7430 元×1.2 倍 = 8916 元；
第十三年：8916 元×1.2 倍 = 10669 元；
第十四年：10669 元×1.2 倍 = 12839 元；
第十五年：12839 元×1.2 倍 = 15607 元；
第十六年：15607 元×1.2 倍 = 18488 元；
第十七年：18488 元×1.2 倍 = 22186 元；
第十八年：22186 元×1.2 倍 = 26623 元；
第十九年：26623 元×1.2 倍 = 31948 元；
第二十年：31948 元×1.2 倍 = 38338 元；
第二十一年：38338 元×1.2 倍 = 46005 元；
第二十二年：46005 元×1.2 倍 = 55206 元；
第二十三年：55206 元×1.2 倍 = 66247 元；
第二十四年：66247 元×1.2 倍 = 79496 元；
第二十五年：79496 元×1.2 倍 = 95396 元；
第二十六年：95396 元×1.2 倍 = 114475 元；
第二十七年：114475 元×1.2 倍 = 137370 元；
第二十八年：137370 元×1.2 倍 = 164845 元；
第二十九年：164845 元×1.2 倍 = 197814 元；
第三十年：197814 元×1.2 倍 = 237376 元；
第三十一年：237376 元×1.2 倍 = 284852 元；
第三十二年：284852 元×1.2 倍 = 341822 元；
第三十三年：341822 元×1.2 倍 = 410186 元；

第三十四年：410186 元×1.2 倍 = 492224 元；

第三十五年：492224 元×1.2 倍 = 590668 元；

第三十六年：590668 元×1.2 倍 = 708801 元；

第三十七年：708801 元×1.2 倍 = 850562 元；

第三十八年：850562 元×1.2 倍 = 1020675 元；

第三十九年：1020675 元×1.2 倍 = 1224809 元；

第四十年：1224809 元×1.2 倍 = 1469772 元；

第四十一年：1469772 元×1.2 倍 = 1763726 元；

第四十二年：1763726 元×1.2 倍 = 2116471 元；

第四十三年：2116471 元×1.2 倍 = 2539765 元；

第四十四年：2539765 元×1.2 倍 = 3047718 元；

第四十五年：3047718 元×1.2 倍 = 3657261 元；

结果相信绝大多数人都不会想到，是三百六十多万元！1000 元的初始本金整整翻了 3600 多倍！

为什么要一年一年这样列出来给大家看，不是笔者吃饱了撑的，而是想让大家见证复利创造奇迹的完整过程。如果直接把结果说出来，大家很可能不相信，回头又去按一遍计算器。

对于每一个做交易的人来说，都应该要懂得复利，了解复利的力量！45 年 20%的复利绝不是用初始本金乘以 1.2 再乘以 45 倍这种简单计算思维可以比拟的。

因此，那些还在追求每年翻多少倍的人，早点清醒过来，从幻觉中走出来。每年稳稳当当能在市场赚个 20%左右，就知足吧。只要你长期在这个市场中保持这样的收益，最后市场给你的回报，绝对比你想象的多得多。

追求暴利必然伴随着高风险。做交易，稳定收益才是王道。

复利，是这个市场给稳定收益者最好的馈赠！

医院把一个本来很好治疗的病人给治废了，属于医疗事故。那我们姑且就把这种把盈利做成亏损的交易，称作“交易事故”吧。

第七节

从盈到亏："交易事故"

> 我等这个机会等了三年，不是为了证明我比别人强，只是要证明我失去的东西，我一定要夺回来。
>
> ——吴宇森《英雄本色》

大家一定都听说过这样的交易经历：一开始进场之后，本来赚了多少多少钱，但后面行情走坏了，没有及时出场，赚的钱不但没有了，自己连本金的都亏进去了不少。

这种事在普通交易者中真是很常见，好多人不仅听过，自己也遇到过。

让盈利变成亏损，是交易的大忌。煮熟的鸭子飞了，比从来没拥有过鸭子，更让人沮丧，不是吗？

不怕一无所有，就怕曾经拥有。这种心理落差对人的信心和士气打击是非常大的，很多人因此一蹶不振。

前面说过止损下不了手的情况，而把盈利变成亏损的情况，却是止盈下不了手。看似相反，但都是因为贪婪。

不想止损，是因为担心止损了以后，行情又会走好；不想止盈，也是因为担心止盈之后，错过后面更好的行情。

难道我们止损或者止盈以后，就不允许后市再有好的行情吗？

凡人不是仙，永远不要指望止盈在最高点。

当然，一些普通交易者根本不懂得如何止盈。他们一脸懵地进入市场，然后一脸懵地赚了不少钱，最后又一脸懵地亏了不少钱。交易对他们来说，就好像南柯一梦。等梦醒了，要不就再一脸懵地离开，要不就从此好好学习，搞明白之前的钱是怎么来的，又是怎么没的，对自己也算是一个交代。

在那种一脸懵什么都不懂的状态下，交易产生的得失，没有什么好遗憾。该是你的就是你的，该不是就不是。糊里糊涂地把钱赚到手，不一定是一件好事。就怕有人把自己的运气误当成实力，今后万一在哪个大坑里跌倒了，爬不起来了，才知道自己之前一直活在梦里，为时已晚。

一个合格的趋势交易者，进场以后，要设置好止损，趋势发展不顺利，打到止损，果断出场；趋势发展顺利，跟着随趋势持有自己的头寸，再根据自己的交易计划，止盈出场。假如你胃口大，看不上这段趋势，感觉趋势力度太小，不止盈，也行。那走势回到你的成本位置，总该出场吧。

巴菲特说："成功的秘诀有三条：第一，尽量避免风险，保住本金；第二，尽量避免风险，保住本金；第三，坚决牢记第一、第二条。"

在没抓住盈利的情况下，尽量保住本金，是每个交易者最起码要有的素质，是一种对资产的责任感。

市场不给趋势，我们没有办法。如果市场给了我们趋势，我们却把好好的盈利做成了亏损。这就好像医院把一个本来很好治疗的病人给治废了，属于医疗事故。那我们姑且就把这种把盈利做成亏损的交易，称作“交易事故”吧。

大概每一个造成“交易事故”的人，内心都有一段这样的独白：

“曾经有一个盈利的机会放在我面前，我没有珍惜，当浮盈变成亏损后，才后悔莫及。交易中最痛苦的事情莫过于此！如果上天能给我一次重来的机会，我会对那段趋势说三个字：我止盈！如果非要在这个前面加一个点位，我希望是一万点！”

总之，让盈利变成亏损，是一个很严重的问题。对于每一个交易者来说，都该采取“零容忍”的态度！否则，该亏的时候亏，不该亏的时候也亏，那还做个什么交易！不如做个慈善家，把钱直接捐给需要帮助的人们，不是更好？

说实话，谁都希望买在最低点卖在最高点。但这永远是个梦。

第八节

抄底摸顶：个人英雄主义

> 历史是由杀死英雄的人写的。
>
> ——梅尔·吉布森《勇敢的心》

先说一个很无聊但还是有必要再说一说的问题，市场为什么不能预测？

大家都知道，市场因为有无数的人在里面不断地交易，你买我卖，我卖他买，他买她又卖等等，使得市场的价格产生了波动。每个单位时间内市场产生的价格走势，都是无数人共同参与交易的结果。

从理性出发，我们冷静分析：如果世界上有这么一个人，他能预测市场，就等于他能预测市场中每一个人在单位时间内即将做出的交易，然后把这些交易汇总之后计算，才可能准确得出预测市场的结果。一万人交易，他就能预测一万人，一百万人交易，他就能预测一百万人。而且，其中有很多投资者，交易完全是看心情的，没有提前制定什么交易计划，他们连自己都不知道何时会一冲动就做一笔交易，那谁又能猜的到呢？

所以，预测市场这种事情，我们别用大脑，就用鼻孔想一想，可不可能？

那么，为什么就一直有人相信有人能预测这个市场呢？这些人是真的没有文化吗？

既然不能预测市场，那我们能预测市场走势的顶和底在哪里吗？这不是一回事吗？

说实话，谁都希望买在最低点，卖在最高点。但这永远是个梦。

盲目抄底摸顶的人，每天都有，而且会一直有。他们对这个市场贡献很大，总是无偿给市场捐赠大笔的身家。

俗话说得好：你敢抄市场的底，市场就抄你的家。

喜欢抄底摸顶的人，说白了，无非就是贪婪。总是想一口气从头至尾吃完一整段行情，一毛钱都不想错过。

凡是成大事者，都懂得“有舍才有得”的道理。市场不仅考验人的智商，还考验人的情商。

“弱水三千只取一瓢”是人生的智慧。在市场中，知足者不仅常乐，知足者还长寿。

所以，那些贪得无厌每天嚷嚷着要在市场中抄底摸顶的人，智商和情商可见一斑。

很多有经验的交易者都应该知道，做行情就像吃鱼，掐头去尾，吃中间最肥美的一段肉就行。你见过谁吃鱼把一整条鱼都吃进肚子里的。别忘记你只是一个人，不是什么企鹅海豚。

吃鱼的这个道理，如果是结合前面说的技术，对应的是这样一幅画面，如图 2-5 所示。

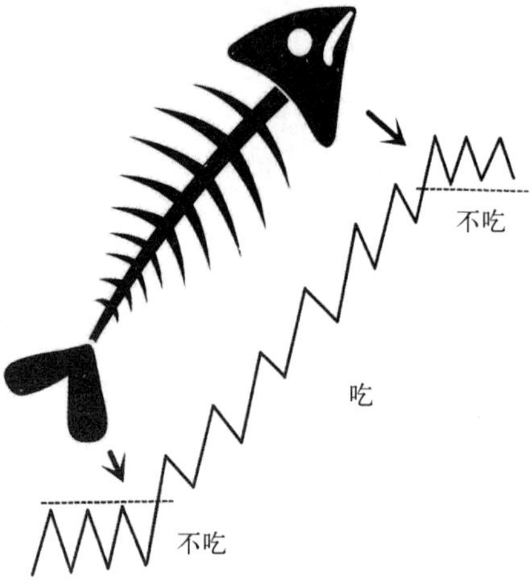

图 2-5　吃鱼与趋势交易

“跌的多了，我感觉应该涨了！”

“涨的多了，我感觉应该跌了！”

盲目抄底摸顶的人本质上是在预测市场，把这些主观的意愿当作买卖的理由，忽略了客观趋势的力量。趋势是市场的执着，市场犯起混来，谁也没法知道它涨到哪里算顶，跌到哪里算底。

反正，无论怎么说，还是总有人根据自己的感觉去抄底摸顶。自以为市场是自家养的牛，能被自己牵着鼻子走。

当然，盲目抄底摸顶是一个交易者成长的必然经历，但大家注意，只是经历，不是结果。大家一起成长，如果长着长着，有些人不长了，永远停留在了某个阶段。这又有什么办法？毕竟，苦难本身不会帮助我们成长，对苦难的反思才会。

最后劝那些盲目抄底摸顶的投资者，至少你们每次进场的时候，都设个止损吧，不要裸奔。

更不要亏损加仓，免得裸死街头。

那些一年到头从来不空仓的人，大概是患上了“持仓强迫症”。

第九节

不空仓：“持仓强迫症”

> 世界上有一种没有脚的鸟，它的一生只能够一直飞翔，飞累了就睡在风中。这种鸟一辈子才会落地一次，那就是死亡来临的时刻。
>
> ——王家卫《阿飞正传》

市场中有这样一句俗话，相信大家都听过：会买的是徒弟，会卖的是师傅，会空仓的是祖师爷。都祖师爷了，可见，空仓对于大多数人来说，真的是很难啊。

确实，很多人一年到头，账户里面总是有仓位，甚至是满仓。

生活中，有一种叫“洗手强迫症”的心理问题。这种人的表现是不由自主的强迫自己洗手，总是觉得自己的手不干净，一天甚至可以洗几十次，手都洗破皮了还要洗，一般人很难理解这种行为。

为什么要说这样的例子。因为，在市场的眼中，那些一年到头从来不空仓的人，就和普通人眼中的“洗手强迫症”一样，只不过他们患上的大概是一种叫“持仓强迫症”。（当然，医学上并没有这种病，仅仅是调侃。）

对于患有“洗手强迫症”的人，一般人都有这样的疑问，他们的手已经很干净了，为什么总是要洗呢？

那么，对于患有“持仓强迫症”的人，市场自己是不是也可能有这样的疑问：我又不是什么时候都有行情，你们为什么非要一直待在我这里不走呢？

千万别说是价值投资，别侮辱价值投资！

表面上看，不空仓是因为勤奋，时时刻刻都在参与交易，不放过每一个貌似能赚钱的机会。哪怕没有行情，他都要潜伏在其中，等待行情的爆发。但实际上，我们发现，交易做得越差的人，越不空仓；交易做的越好的人，越会空仓，越会休息。

关于不能空仓的问题，既然上面被暂时定为一种强迫症，那我们试试从心理学的角度去解释这个问题，看看能否行得通。

精神分析学派认为强迫性观念是变相的自我谴责，它从压抑中表现出来。

有了这一条，我们就很好理解为什么有些人就是不空仓了。

“持仓强迫症”是之前对自己的亏损经历自我谴责，通过强迫自己不空仓这种行为表现出来。

也许有人不是很理解，直白点说，就是不空仓的人，由于在之前交易中有所亏损，产生自责，就想快点翻本，早点释放自己的这种很不舒服的情绪。所以，就把这种自责的情绪转化为不空仓的交易方式，以为这样就能尽快回本。

但是，我们要知道，交易越做的不好，就越不空仓，越不空仓，交易就做得更不好。他们越亏，自责情绪就越重，在这种恶劣的循环中，逐渐患上了“持仓强迫症”。

当然，不是每一个不空仓的人都这么严重，有的初期患者，只是单纯的手痒，精神空虚，不持仓总觉得生活没什么盼头。这种人做的不是交易，而是寂寞。但凡除了交易之外，他们能有点其他正常的爱好，只要不是抠手指头或者挠墙之类极度的无所事事，都还有救。经过一些专业的训练，很容易就能摆脱现状。但时间如果拖长了，难免会因为自己盲目的操作产生大的亏损，自责感爆发，到时候心态就不一样了。可能会朝着相对严重的"持仓强迫症"方向发展。

而优秀的交易者正好相反，他们目标是很明确的，知道自己什么时候该进场，什么时候该休息。交易做得越好，他们就越会空仓；他们越会空仓，交易就做的更好。完全进入的是另外一种良性的交易节奏中。

但优秀的交易者也不是每次进场都赚钱。他们只是更懂得照顾自己的情绪。他们亏损的时候，尽量会把亏损的额度控制在让自己心里不会产生大的负面情绪的范围内。

而且，如果他们连续亏损，他们不会像新手一样自责，他们依然可以选择休息。

也就是说，优秀的交易者，在没有交易机会的时候，在交易做的不顺的时候也会空仓。因为他们知道，空仓对于他们的交易情绪是一种治疗，帮助他们忘记之前的不快，尽快投入到新的交易中来。

而我们的很多普通交易者，在没有交易机会的时候持仓，在交易做的不顺的时候还是持仓。他们的情绪常常是崩溃的，他们的心从来没有机会休息和调整。就像本节开头那段电影台词一样，交易者何必把自己的心，弄得和天生没脚的鸟一样疲惫和伤感？

最后，再说一下。没有行情的时候，持一点点仓，其实没有问题。比如有些人满仓是500手，他在没有行情的时候，只持有几手，来提醒自己追踪关注这个标的，这个倒是问题不大。但重点要说的是，很多人在交易中不但不空仓，还习惯性的满仓操作。如果是资金量大或者在有杠杆的市场中，是万万不可的。

很多普通交易者，在股市中满仓操作习惯了，跑到期货或者外汇市场中去依然满仓操作。无论你之前在股票市场赚了多少钱，都可能在剧烈波动的高杠杆行情中，瞬间化为市场的一缕青烟。

发现行情不对是“丑小鸭”的时候，就先离开市场，那时候的损失往往都很小。别等到丑小鸭长大了，定睛一看，才发现这是一只黑天鹅。那时候再做出反应，不死都要脱层皮了。

第十节

黑天鹅：小时候只是丑小鸭

> 你不知道的事比你知道的事更有意义。
>
> ——纳西姆·尼古拉斯·塔勒布《黑天鹅》

17 世纪之前的欧洲人都以为天鹅只有白色的。但随着第一只黑天鹅在澳大利亚被发现，这个根深蒂固的观念被击溃了。

人类总是过度相信经验，而一只黑天鹅的出现，就足以颠覆一切常规。在市场中，“黑天鹅事件”代表着突发性的小概率灾难事件，比如金融海啸、欧债危机、英国退欧、光大乌龙指等。

当然，这里不是谈这些金融大事件，就仅仅站在普通交易者的立场，谈谈和我们交易有关的“黑天鹅”。

前面一直强调止损、止损、止损。这里不谈有杠杆的操作，有杠杆的操作不止损是不可能生存的。

在股票市场，知道有一些投资者基本不谈止损的话题。因为，以他们的经验，股票就算跌深了，捂着个三五年，还是有机会解套的。

实际上，是有一些股票确实是这样。但如果想成为一名合格的交易者，你的立场必须是：就算股票投资一百次，有九十九次在大跌之后，都可以解套，甚至还可以赚，但还是要严格止损。

这不是因为古板，而是因为剩下的那一次小概率事件，股票大跌之后再也不回头，就可能会要了我们的老命。

大家知道，我们的任何分析都是建立在历史经验之上的，在这些分析中我们都是按照正常的规律去总结，无法预测突发事件。因此，假设"止损"是一个人，那他此生最有意义的使命，就是防范"黑天鹅"。在黑天鹅来临之际有幸及时止损离场，坐看市场中哀鸿遍野，满目疮痍。就够他茶余饭后吹一辈子了。

但你也许会这样想，"黑天鹅"既然是小概率事件，我们完全可以不用在意，反正一年到头都不会遇到一次，我们赚够了，身上的"膘"养肥了，等"黑天鹅"来了，我们也扛得住。

但是，换个角度思考，"黑天鹅"之所以发生概率小，不就是为了等这些交易者把"膘"养肥吗？"黑天鹅"之所以杀伤力巨大，不就是为了一下子能干掉一大片膘肥体胖的交易者吗？

正所谓三年不开张，开张吃三年。说的不就是"黑天鹅"这种要不就不轻易露头，一露头就生灵涂炭的大 BOSS 吗？

想在市场中生存，每一个交易者都必须在心中养一只稀有的"黑天鹅"，时时刻刻提醒自己保持警惕。

相信大家都听过《丑小鸭》的童话故事。

丑小鸭本来就是一只天鹅幼崽，天鹅幼崽小时候都不怎么好看，不知道为什么混进了一群小鸭子中间，还被鸭子嫌弃。后来，它长大了会变成美丽的天鹅。

对于交易者来说，这个故事其实在提醒我们，每一只"丑小鸭"长大了都会变成天鹅，而在众多普通的天鹅之中又会有产生黑天鹅的概率。所以，我们在市场中，平时要做的是防范于未然，谨防"丑小鸭”。

感觉到走势不对的时候，我们就把它看成“丑小鸭”行情，就先离开市场，那时候的损失往往都很小。别等到丑小鸭长大了，定睛一看，才发现这只天鹅不简单，竟然是黑色的！那时候再做出反应，可能不死都要脱层皮了。

一个富农，自我感觉还不错，就养了一头大象当宠物，结果没多久，大象就把自己吃穷了。

第十一节

失败者：市场中的大多数

> 在这个国度中，必须不停地奔跑，才能使你保持在原地。
>
> ——路易斯·卡洛尔的《爱丽丝梦游仙境》

股市里到底有多少人赚钱，一直流传着一句“一赚二平七亏损”。除了大牛市以外，这个数据还是比较符合实际的。

其实股市中有百分之十的人能赚钱，真的算是很公平了。如果股民们知道，在零和博弈的期货市场中，长期稳定赚钱的人，据统计只有千分之二，心理会不会要平衡一些。

假设有超过一半的人都能长期在股市中赚钱，那这个社会大概就会陷入瘫痪了，谁还愿意去上班？平均两个人中就有一个人能在股市中赚到钱。竞争也太小了吧！

现在就算去路边捡垃圾为生，也有几个竞争对手起得比你早，捡得比你多，跑得比你快。

笔者知道，这样说也不会让那些亏钱的人想得通。但笔者更加知道，在市场中，让交易者面对现实就是一种救赎。

马克·吐温说："只有10%的人思考，10%的人认为他们思考，其余80%的人宁死也不愿思考。"

拿股票市场来说，大多数投资者心中最想知道的其实是哪一只股票会涨。他根本不想或者没有时间去真正学习炒股。有的人随便学了几天，感觉有点心烦，就放弃了；有的人直接学都不学。古人云："授人以鱼不如授人以渔。"但更多股民心里想的是：我只要鱼，给老子鱼！

如果你是此时正在认真学习交易的人，请不要太灰心。因为这个市场中有很多人，他们不仅贪婪，而且懒惰。

特别是一些有工作的人，以为自己有一份收入还不错的工作，心里有了依靠，就把交易当作一种业余消遣，几乎不怎么学习，最多就看看新闻，听听股评，和其他做交易的人一起八卦一下。然后，有可能在短短一段时间内，把几年工资都全部赔进去了。

明白什么意思吗？好比一个富农，自我感觉还不错，衣食无忧，就养了一头大象当宠物，结果没多久，大象就把自己吃穷了。

说实话，大多数人辛辛苦苦上班一辈子的积蓄，都不够这个市场塞牙缝的。不知道有些人哪里来的底气，把交易当作一种业余消遣。最后也不知道是谁消遣了谁。

哪里的黄土不埋人，为什么非要选择交易做消遣？

生活中，我们考上好的学校需要努力，过上好的生活需要努力。那么为什么到了交易这儿，这个道理就行不通了呢？老是有人想不劳而获呢？难道只是因为交易有一些运气的成分在里面，所以就全靠运气？

每个行业，要做到一定的高度，都必须比别人付出更多，交易也是一样。但不同的是，有很多行业，就算吊儿郎当混一辈子，一直在底层工作，不求上进，也有工资拿，饿不死。但做交易却很残酷，如逆水行舟，不进则退。你想混日子，那就亏钱。你开始认真做了，还是亏钱。你只有做的够好了，在股票市场超过了百分之九十的人，在期货市场超过了千分之九百九十八的人，你才能赚钱。

有些人懒惰久了，稍微努力一下，就以为自己在拼命。

所以，他们抱怨市场不公，并没有错。

人类社会从来都是如此，由一小部分精英和大部分平凡的人组成。小部分精英掌握着大部分的社会资源，而大部分平凡的人掌握着小部分的社会资源，从这点上看，没有公平可言，类似于二八法则。

公平只是用来安抚弱者的谎言。毕竟，条条道路通罗马，而有些人就生在罗马。

但是我们也要知道，最初的精英一开始也是平凡人。每一个凡人都可能通过自己的努力，成为精英。从这点上看，人类社会似乎又极其的公平。交易行业只是把人类社会的这一规则更加变得苛刻了而已。

在市场中，有怀着梦想的年轻人，不分昼夜，在电脑面前找寻适合自己的交易方法；

在市场中，有上班族的中年人，不放过任何一个空闲和节假日，努力阅读着学习交易的书籍；

在市场中，还有个别大妈大爷，四处奔波，拿着一个本子和一支笔勤奋地记录，笨拙地求学。

谁也无法保证这些人就不会成功，没有任何一种坚持，会被轻易的辜负！

真正的交易者，绝不是靠模拟交易练出来的。而是在市场中，真刀真枪干出来的！

第十二节

模拟交易：纸上谈兵的“意淫”

> 你真能向一条鱼解释在陆地上行走的感觉吗？对鱼来说，陆上的一天胜过几千年的空谈。
>
> ——沃伦·巴菲特

有些交易者认为，模拟盘交易和实盘交易，差别不是很大。就把模拟盘当成真实的交易去做，发现成绩还可以。可是一旦进入实盘交易，往往成绩就会天差地别，甚至怀疑自己是不是做了假交易。

确实，现在的模拟交易软件，和真实的交易软件，外观上看没有什么区别，也是根据市场实时的行情为准。按理说，无论是模拟盘和实盘，同一个人做出的成绩应该相差不大。

这个问题，说难理解，其实也没有多难。

模拟盘外表无论再真实，它始终是假的。当你用自己的真金白银去做交易的时候，心态上就会完全不同。所谓“纸上谈兵”，说的就是做模拟盘的人。

如果把模拟盘说成是一种“意淫”，笔者认为毫不为过。它只不过是让交易者内心过过干瘾的手段罢了。

真正的交易者，绝不是靠模拟交易练出来的。而是在市场中，真刀真枪干出来的！

真实的战争和实战演习，有着本质的区别。

电影《心灵捕手》中有一段台词，也许能更好的解释这个问题，触及我们的内心：

“如果我问你艺术，你可能会提出艺术书籍中的粗浅论调。有关米开朗基罗，你知道很多，他的满腔政治热情，与教皇相交莫逆，耽于性爱，你对他很清楚吧？

但你连西斯汀教堂的气味也不曾嗅到。你未曾站在那儿，昂首眺望天花板上的名画吧？可是我见过。

如果我问关于女人的事，你大可以向我如数家珍，你可能上过几次床。

但你没法说出当自己在女人身旁醒来时，那份涌自内心真正的喜悦。

你年轻剽悍，我如果和你谈论战争，你会向我大抛莎士比亚，朗诵“共赴战场，亲爱的朋友！”

但你从未亲临战阵，未试过把挚友的头拥入怀里，看着他吸着最后一口气，凝望着你，垂死向你求助。

……

你是个孤儿吧？但你认为我能看穿你的悲惨生活、认识你的全部，仅仅因为我读过《雾都孤儿》？莫非它能简化你的人生？

个人而言，我对此漠不关心。因为你知道吗？我无法通过一些破书来认识你的一点一滴。”

是的，我们也无法通过一些模拟盘软件就能做好交易，学习交易就必须身在其中，钱也在其中。

当然，要提醒一下，笔者并不是鼓励大家一开始学习交易，就用自己全部的资金去市场中实践。大家可以先在全部资金中拿出一部分“不痛但痒”(不心疼，但也不能完全不当回事)的资金量投入到市场中学习交易，这样学习的效果相对做模拟盘会好很多，而且也不用承受过大的风险。

交易账户又不是貔貅，只吃不拉。明明有提现的功能，但就是不用。

（貔貅：中国传说中的一种凶猛的瑞兽，来历说法不一，能吞万物而从不泄。）

第十三节

交易账户：不是貔貅

> 钱不花就是一张纸，花了才是钱。
>
> ——莫言《蛙》

做交易，总会遇到流年不利。

在坚持自己交易原则的情况下，怎么做怎么亏，来回被止损。这个时候，我们可以选择休息，调整一下自己的心态。当然，也有心态不错的交易者不愿意休息，他能继续坚持自己的交易原则做下去。无论如何，我们都会面临一个现实问题：交易不顺利的时候，金钱流失的问题。

所以，做交易我们最好都养成一个好习惯，在每次获利后，抽出一部分利润存起来，以防不时之需。甚至可以取出一部分来花一花，慰劳一下自己，使得自己的成功更加有意义。

但是，恰恰有很多交易者只会往交易账户中加钱，交易账户又不是貔貅，光吃不拉。明明有提现的功能，但就是不用。这样做，其实在变相增加自己的交易风险。

暂不说他们的交易账户是否能盈利，就假设他们的交易账户一直都处于获利状态。但人非圣贤孰能无过。有些在市场中混迹几十年的“老江湖”都有可能突然出现情绪失控，晚节不保的情况。更不用说广大涉市未深的普通交易者了。

偶尔一次的损失惨重不可怕，可怕的是，当你想东山再起时，才发现囊中羞涩。

自己一直把交易账户中的资金当成虚拟的数字在操作，有盈利的时候不部分变现，那无论你在市场赚多少，它真的就只是数字。

一些人为什么从来盈利不从交易账户中提现？其实也很容易理解，因为他们想让交易账户的钱越来越多。如果提现出去一部分，交易账户的基数就少了，下一次赚钱的时候，赚到的钱也就少了。这种乐观的单边思维在市场中很常见，他们只想到下次赚钱的时候能赚更多，没考虑下次如果亏钱，也同样亏得更多。

这些从不提现的人，好像不是在做交易，而是在给市场放高利贷，以为基础资金越大，收到的利息就越多。虽然中国自古以来，民间放贷就很猖獗，很多人以此为生。但把放贷的思路用来做交易，就有点找死的味道，也不怕把自己的本金放飞了。

最后，我们看看到底是你放市场的贷，还是市场放你的贷。

作为普通大众，平时我们无论是工作还是做生意赚到的钱，一般都会存一部分到银行中。但为什么做交易很多人就没有这个习惯呢？

可能在很多人心中，归根结底，交易不算是一个正经事。交易赚的钱和打麻将、赌博、抽奖赚的钱性质差不多，所以，他们没有把这些钱当钱，随意地继续留在交易账户中，以继续博取更大的利润。

没关系，当账户中的钱亏得所剩不多的时候，他们自然地就会把交易账户的钱当钱了。就像平时不孝顺的孩子，突然看到病榻前的那个奄奄一息的老人的时候，才想起那个老人是他爹！

不过，为时已晚。

对于广大投资者来说，他们不是军人，没有受过严苛的训练，没有被要求过要无条件服从和执行命令。要做到知行合一，实在不容易。

第十四节

执行力：知行难合一

> 你们一直抱怨这个地方，但是却没有勇气走出去。
>
> ——肯·克西《飞越疯人院》

对于广大投资者来说，他们不是军人，没有受过严苛的训练，没有被要求过要无条件服从和执行命令。要他们严格执行交易计划，实在不容易。

所以有人说，道理我都懂，但还是做不好交易。明明知道哪里该进场，哪里该止损，哪里该止盈，但实际操作起来，就是下不去手。

记得有一年华尔街评选出的年度十位优秀交易员中，七位过去都有当兵服役的经历。确实，交易这一行，如果过去是一名合格的军人，那他比其他人更有优势。并不是因为他开过枪，而是他的执行力比普通人强。

执行力，多么无奈的话题，却又是那么的重要。

所有我们知道的东西，终究是要化成实际的操作才有意义。知道做不到，等于不知道。

减肥的秘诀就四个字：少吃多动。看上去很简单，可是，据统计有90%的人最终无法做到。

而交易的秘诀也是看上去很简单四个字：知行合一。但最终做得到的人又有多少？

大概比减肥的还要少吧。

“还不进场，拿棒棒打你屁股了！”

“再不止损，让大灰狼来吃你了！”

让大家学习交易总不可能像教育小孩子一样，采取这样恐吓加威胁的幼稚手段吧。

特别是对于普通交易者来说，态度严厉的说教效果甚微。有些大爷大妈一辈子什么没见识过？当年枪林弹雨、缺衣少食、社会动荡，他们都没被吓到，还会怕你的训斥？他们不训斥你就不错了。

总的来说，“知道”和“做到”之间，好像总是隔着什么东西，让我们望尘莫及又触手可及。

也许隔着的是“心”吧。

归根结底，我们都是活生生的人，想把冷冰冰的“知道”和冷冰冰的“做到”融化到一起的，也许需要的是一颗有温度的心。

这是一颗什么心呢？

心态的心。

如果从这个角度来谈交易，交易对某些人来说，真的很难，也许终其一生，都遥不可及。

后面的部分，我们来聊聊交易的心态吧。

第 三 章

交易心态的修炼

假如有这样一个人，在市场中亏了很多年，每天都眉头紧锁。有一天，他突然起身，拍拍屁股，神情轻松地从此离开了市场。

笔者将会无比敬佩他。

第一节

宽容：先放过自己

> 五岁时，妈妈告诉我，人生的关键在于快乐。上学后，人们问我长大了要做什么，我写下“快乐”。他们告诉我，我理解错了题目，我告诉他们，他们理解错了人生。
>
> ——约翰·列侬

每一个交易者的成长，必然经历过失败。

失败并不可怕，可怕的是你相信这句话！

由于交易的失败，我们很有可能会陷入一种自责的怪圈：越失败就对自己越苛刻，越苛刻就越感觉自己失败。这样的心态，会把我们变得烦躁不安，不断犯错，钱也越亏越多，终究难以平静。

如果你正处于这样的状态之中，你可能是“聋”的，对你说什么道理你都听不进去！因为你急于想得到的是一种所谓的成功的交易方法，让你马上赚钱，摆脱你内心的煎熬。

请放过你自己！

因为，哪怕再好的交易方法，与此刻烦躁的心态，都无法匹配，更不可能成功。

踏出学习交易的第一步，不是什么技术，也不是什么大道理，就是开始学着宽容自己。只有宽容的力量，才能让你在今后交易的道路中，不断地重新站起来，一路前行。因为交易这条路永远困难重重，永远是“不经历风雨，怎么迎接暴风雨”。

任何一个行业想做到顶尖级别，不得不承认，多少还是需要天赋的。如果说没心没肺能算是一种天赋，那交易需要有这样天赋的人。无论今天在市场中如何不顺，他咧嘴就笑，张口就吃，倒头就睡。第二天，继续以积极的态度和严格的计划去做交易。

当然，这样的人少之又少，鱼和熊掌难以兼得。我们退一步来看，如果只能在下面三种人之间选择，你会做哪一种人？

A. 一个擅于宽容自己，但交易亏钱的马大哈。

B. 一个不太能宽容自己，但交易做得比较好的成功人士。

C. 一个不太能宽容自己，且交易亏钱的普通人。

笔者选择 A，马大哈(选 C 的有自虐倾向)。

那为什么不选 B？

好好想想，我们如何定义交易的成功？赚到钱就算成功吗？

这个行业，见过太多所谓的成功交易者，赚了很多的钱，却陷入抑郁中无法自拔，甚至离开了这个世界。因为，他一路走来，在荆棘中，浑身伤痛，不断反省的同时，忘记宽容自己，忘记了可以放过自己，最后失去了快乐。

这样的成功，又有什么意义？我们就这样定义成功吗？

也许，不选择交易，有些人的一生可能会快乐许多。

人生是一个不断犯错的过程，交易中犯错更是家常便饭。如果你没有宽容自己的力量，每次犯错都自责不已，都用不愉快惩罚自己，就算你有一天交易能实现稳定盈利了，你可能再也快乐不起来了。

想想我们做交易的初衷又是什么呢？赚钱只是过程，最终的目的不是让自己快乐一些吗？

其实，在市场中，成功分为两种。一种是要经历九九八十一难，而另一种只需放下屠刀。

假如有这样一个人，在市场中亏了很多年，每天眉头紧锁。有一天，他突然起身，拍拍屁股，神情轻松地从此离开了市场。

笔者将会无比敬佩他。

交易只是人生的一部分，而不是全部，大家切记不要因小失大。在交易中赚了钱，却在生活中赔了本。

真心希望每一个学习交易的人，在交易前是快乐的，在交易后，更是快乐的。

你想进入这个市场赚走别人的钱，你必须先自掏腰包买一张止损的门票。至于那些嫌止损门票都贵的寒酸鬼们，他们非要逃票，非要另辟蹊径，早晚会被市场发现。

第二节 输不起：别玩

> 人生就是不断地告别。
>
> ——弘一法师

说一段笔者的亲身经历：

多年前，我去一家证券营业部办事，办完等电梯的时候，遇到一个七八十岁的老婆婆正在打电话。从电话交谈中了解到，她买了不少钱的股票，最近有一些亏损，但不算很大。

那个时候大盘处于是一段大牛市的末期，开始有一点下跌，老婆婆入场比较晚，而且一路都在不断买入。等老婆婆打完电话，在电梯中，看到老婆婆有点可怜的模样，我出于好心，就劝老婆暂时先离场，反正亏得不多。然而，那个看上去还算慈祥的老婆婆，脸上表情突然来了一个三百六十度大转弯，用恶狠狠的眼神看着我，好像我在拦她财路一般，冷冰冰地对我说："我炒股亏钱的时候从来不卖！"

这件事情虽然过去这么多年了，但笔者依然很清晰地记得她当时那种坚决的态度，就是那种完全不再让别人劝她的那种坚决。后来也巧，这件事后没几天，股市就发生了"股灾"，大盘断崖式的大跌，那个倔强的老婆婆应该没有出来，不知道她亏了多少，是否能受得了。

很多人认为这个老婆婆活该，不止损也不听劝。

一个看上去这么慈祥的老人家，却拥有如此的个性，也许是过去苦难岁月造就给她的坚韧的性格，让她不至于在那些岁月中被击倒。

罗曼·罗兰说："一个人的痛苦，无非来自两个方面，一个是没有个性，一个是个性太强。"

交易终归是交易，不服输在生活中也许是一种不错的品质。但在交易中，不服输就是和自己过不去，背后真正的原因是因为他输不起。

交易一定要输得起！

当然，这里说的输得起，指的小输。就是在亏损刚刚开始的时候，能下的去手止损。别以为那些打开账户亏损度已经亏了百分之五六十，甚至是七八十了才算输得起。

那不是输得起，那是已经输了！那个时候再离场，不叫止损，叫割肉！想翻身，已经很难了。

巴菲特说："我们之所以取得目前的成就，是因为我们关心的是寻找那些我们可以跨越的一英尺障碍，而不是去拥有什么能飞越七英尺的能力。"

这些已经产生巨大亏损的账户，也不是一天就亏成这样的。当你一开始不好意思拒绝小亏时候，过一阵大亏就会好意思为难你。

现在再去问那些账户已经巨额亏损的交易者们，如果当初刚刚开始亏的时候，就主动止损出局，他们愿不愿意？相信他们是愿意的。

很多人认为交易是一个轻松的事情，开户没门槛，也不用每天太早起赶去上班，周末和节假日还一天不少休，在家躺着就能把钱挣了。

交易表面上看确实很轻松惬意，但这不代表它就简单。可以这样说，每个行业想做好，都是很不简单的一件事。门槛越低的行业，竞争就越大，想做好其实更加困难。跑步门槛低不低，有双正常的腿就能跑，但能跑成世界冠军，全世界也就那么几个，其他人跑的再快，别人也没有多大兴趣看。你说自己是你们村里或者你们镇上跑得最快的，能有多大意义呢？

很多交易者在单位或者公司上班，每天面对就那些同事，都表现得庸庸碌碌，更何况面对市场这么多人和那么大的竞争呢？

能在市场中稳定盈利的，都是这个行业的佼佼者，这个难度绝对比你在单位或者公司工作的难度大很多。一些在社会中非常成功的人，来市场做交易都输得一塌糊涂。

但恰恰有很多在工作中都碌碌无为的人，对交易有一个很深的误会，把交易当成了自己平庸人生的“避难所”。以为在这里自己只要有梦想，就一定能成功，就能达到他们在现实生活达不到的成就，让周围的人刮目相看。

现实是，他们来到这个市场之后，只不过是一个炮灰而已，把自己的生活变得更糟。

这个世界很残酷，交易更残酷。请大家相信，成功品质很多是共通的，平庸的品质也是共通的。

前面说过，交易的重中之重，是风险控制，是止损。能止损就算是输得起，输得起就是成功者的一个重要品质。

可是，输得起对于平庸的人来说很难做到。

什么样的人最怕死亡？

没有充分活过的人最怕死亡。

什么样的人最输不起？

没有真正赢过的人最输不起！

正是没有真正赢过的人才会平庸。而越是平庸的人越自卑，自卑的人恰恰自尊心越强，越不愿意认输。他习惯于把自己放在弱者的角度看待这个世界，总认为外界处处与他为敌，他必须要时时刻刻防范着外界从他那里夺走任何一样属于自己的东西。

那他当然输不起!

一个人真正变得强大，不是因为守着自尊心，而是抛开自尊心的时候。

纵观现实，输得起的人无论从事什么工作，都会比输不起的人，做得更好。这没有什么公平不公平，输得起的人敢于及时认错，这就超越了多数人。其实他们只不过是懂得以退为进的道理，能隐忍，敢低头。

这个市场只属于输得起的人，能果断止损的人。你想进入这个市场赚走别人的钱，你必须先自掏腰包买一张止损的门票。

众所周知，我们坐车要买车票，寄信要买邮票，过去还要凭劳动换取粮票、布票和肉票等等，哪怕你现在想一夜暴富，要至少花两块钱买张彩票。那为什么到市场中来，就是有些人不想“买票”，想直接从别人兜里拿出钱放在自己兜里呢？这不是强盗的逻辑吗？

止损的这张门票是每个交易者进场必买的“保险”。至于那些嫌止损门票都贵的寒酸鬼们，他们非要逃票，非要另辟蹊径，早晚会被市场发现。到时候市场一定会给他们开一笔数额不小罚单！罚单的金额大概都够都他们办张止损的月票或者年票了。甚至说不定，都够办一张终身 VIP 票了！到时候也不用在止损了，因为钱已经被罚光了！

擅于推卸责任的人内心是脆弱的。这种人的过往人生经历中，也许因为承担了某件事情不好的后果的责任，受到了强烈的指责或者惩罚。这种负面情绪导致他在今后遇到类似事情后，不敢承担。所谓“一朝被蛇咬，十年怕井绳。”

第三节

推卸责任：不想长大

> 强大的人不是能征服什么，而是能承受什么。
>
> ——柴静《看见》

交易说难其实也不难，某一天，学习交易这个人突然想通了，交易就会变得比他之前想象的简单很多。

交易似乎更像是一个悟道的过程。

如果非要问，什么人最难学会交易，除了心智不全的特殊人群，大概是擅于推卸责任的人了。

擅于推卸责任的人永远不会主动让自己承担任何过错，只要有能推卸的对象，绝不放过。

比如，他某个工作没做好，出现了比较大的问题，他可以推卸给和他一起合作的同事，如果没有人和他一起合作，他还可以推卸给上司、配偶、天气、交通，甚至家里养的猫狗。总之，一切可以让他摆脱责任的事物，他都可以把脑袋削尖了去利用。

在市场中，某只股票让他亏钱了，他会怪市场套路他，或者当初推荐他这只股票的人，或者怪谁给他带去了晦气，甚至或者怪他父母把他生出来。

当然，如果运气好赚了钱，他可能会自吹自夸，把功劳使劲往自己身上揽。

这种人其实挺可悲的。

大家知道，交易是一件必须要对自己负责的事情。我们下了一笔单子，就必须要承受这笔单子未来所带来的盈亏。就像生一个孩子，就必须承受他给生活带来的快乐和烦恼。什么事都要先在自身找原因，不要总是责怪他人。

而不想承担自己交易后果的人，思想是不健全的。只想要盈利，见不得亏损。一旦亏损就到处找借口，试图以这样分散注意力的方式，把自己和亏损撇干净。虽然在旁人眼里，很容易看出来他这样做是自欺欺人，但不重要，他要的只是逃避，要的只是保护自己，给自己不垮掉的理由。

因为，擅于推卸责任的人是脆弱的，在他过往的人生经历中，也许因为承担了某件事情不好的后果的责任，受到了强烈的指责或者惩罚。这种负面情绪导致他在今后遇到类似事情后，不敢承担。所谓“一朝被蛇咬，十年怕井绳。”

擅于推卸责任的人，在生活中，偶有二三。但在市场中，却比比皆是。

人一切的痛苦，本质上来源于对自己无能的愤怒。

而市场是最能让人感觉到无能继而愤怒的地方。甚至它把很多本身不是擅于推卸责任的人，变成了擅于推卸责任的人。

在市场面前，我们每个人都很弱小和无力，很容易发生亏损，很容易被市场惩罚。一些人发生多次亏损以后，就开始产生恐惧，出于自我的保护本能，也就开始在外界寻找自己亏损的理由。除了不让自己受到恐惧的威胁以外，更多是想证明这并不是自己的错。

所以，一个擅于推卸责任的人，很难正面去面对每一笔交易的得失。他只希望赢，不接受输。他不懂得，无论这笔交易是别人推荐给他的也好，还是他随便乱做的也好，盈利或者亏损的都是他自己的钱，他必须要接受这笔交易带来的后果，特别是不好的后果。因为有过亏损的经历，才更能让人在交易中成长。

而擅于推卸责的人，面对交易的失败，会到处找借口和理由，用它们给自己打造一层保护罩，看似很聪明，其实很愚蠢。因为正是这层保护罩让他拒绝接受失败的同时，也拒绝了市场给他成长的机会。

所以，在学习交易的人群中，擅于推卸责任的人就是“学渣”！

这样的人，永远没有错，错的都是别人，想要改变，谈何容易！也许有一天，当他突然有了勇气，敢于面对他之前不敢面对的问题，承担他之前本该承担的后果，才能迈入交易成长的大门。

否则，交易对他来说，将是永远的噩梦。

如果我们每一个人，都像这狗捡玩具一样，用一种积极的态度，对待每一次的突破，那我们也不会感到过多痛苦和焦虑了。

第四节

活在当下：向狗学习

> 认识的人多了，我就更喜欢狗了。
>
> ——罗曼·罗兰

每一位交易者都遇到过这样的事情：跟着信号进场后不久就被止损出局，如此连续好多次，信心都快被止损打没了。之后遇到再次入场的信号就开始犹豫不决。但恰恰是这次犹豫错失了良机，市场行情势如破竹，眼睁睁地看着自己错过一轮大趋势。

交易圈很早以前就流行着这样一种说法：华尔街最好的交易员，平均十次进场，七次是亏损的，但还是能赚到钱。

如果你是新手，肯定感觉匪夷所思。

这里说的十次进场七次亏损，指的是十次进场却遇到七次被止损。但没有关系，把资金控制好，每次遇到行情走势不顺损失会很小，一旦遇到剩下的三次趋势成功展开，抓住了不轻易放手，通过加仓博取更大的利润，往往一次的盈利也许就足够应付好几次止损，甚至还绰绰有余。就像电视剧《我爱我家》中葛优(季春生)说的："这就是我们行业(流浪汉)的特点，有吃的，吃得下！没吃的，扛得住！"

能严格执行交易规则的交易者，往往都是训练有素，他们对于遇到的每一次的止损，心中早已毫无波澜。

可是，我们普通交易者心是肉做的，也是多愁善感的。如果让他们遇到连续七次交易被止损，心中能不失落？不砸电脑手机，不咒天骂地，就已经算是有素质的了。

说实话，实际操作中，有时候连续七次止损都不止。趋势交易就是这样，不做，永远和机会失之交臂，幸运的话，第一次进场就遇到一段大行情；做了，可能会遭遇一系列的失败，其中不断试错的过程，真是"食之无味，弃之可惜"。

笔者在初学交易的阶段，也为此所困扰不已。不过，在生活中的一段亲身经历，让我对此事的看法有了很大的改观，在这里分享给大家：

我养一只金毛，金毛的全称是"金毛巡回猎犬(英语：Golden Retriever)"。

这种犬身上有巡回猎物的天性，我们和它们玩的时候，可以手里准备一个球或者飞盘之类的玩具，扔出去，它本能就会叼回来。它对于这种游戏乐此不疲，仿佛能从中享受到莫大的成就感和快乐。

金毛巡回猎犬

我也经常和自己养的金毛犬玩这种“主人扔出去，狗狗捡回来”的游戏。有时候，我会做一个用力把手上玩具扔出去的假动作，其实玩具还在手上。但金毛不知道，习惯性的就奔了出去。当然，它很快就会发现玩具并没有被我扔出去，又转头跑回来，等玩具再次被扔出去。

说实话，我都不知道自己下一次会真扔出去和假扔出去，这完全是随机的，大脑也懒得去想，全凭手上肌肉的惯性。

有时候，好几次都是真的扔出去，它高兴得屁颠屁颠的。有时候，也会连续好几次手上都做假动作。时间长了，我发现它依然毫无心机，就算对于连续的假动作也都会每次都奔出去一截，发现没有，再回来。它从来不会因此而沮丧，或者放弃采取行动。它总是以一种积极的态度，面对我们每一次扔玩具的动作，无论真假。

你可以说它好傻，只是一只狗。

虽然狗的智力确实远远不及人。但它的这种积极态度，对于当时做交易很迷茫的我来说，影响很大。

如果我们每一个人，都像这狗捡玩具一样，用一种积极的态度，对待每一次的交易进场信号，那我们也不会感到过多痛苦和焦虑了。

无论是真丢玩具还是假丢玩具，也无论后面是真有趋势还是没有趋势，每次都先跟进再说。一旦发现不对，再像狗一样赶紧折返回来，及时止损就行了。

回来以后，老老实实等待下一次入场的机会。千万不要心有不甘，已经发现是假信号了，还埋着脑袋继续向前跑，不回来止损。运气不好，一口气跑远了，就再也找不到回家的路了。

信号就在前方，我们无法预知真假，反正都得做。那为什么要因此有更多的情绪呢？特别是负面的情绪，让我们打退堂鼓，斗志大跌。根本就是累赘。

提到活在当下的能力，我们大不如狗。

如果我们在市场中，能参照狗的生存法则，把市场视为主人，顺从它意，相信也能活得很好。

说实话，当笔者萌生“像条狗一样交易”的想法的时候，一开始内心是拒绝的。毕竟，谁都有尊严，谁都放荡不羁爱自由。

可是，人在江湖，身不由己。就像电影《大话西游》结尾处，那对站在城墙上的情侣，看着已化身成为孙悟空的至尊宝远去的背影：

“看，那个人的样子好奇怪啊！“

“是啊，我也看到了，好像一条狗啊！”

至尊宝吊儿郎当，无拘无绊，但敢爱敢恨，纯真可爱。从至尊宝到孙悟空的蜕变——反抗、顺从、无奈、自嘲。

曾经大闹天空的孙悟空，最终，担起保护唐三藏西天取经的重任，在别人眼里，活的就像一条狗。

这便是成长。

在交易中，对盈利的渴望教会了我们什么叫卑躬屈膝。

如今笔者愿做一条市场中的“乖狗”，永远顺着市场的意思行事，接受市场的安排。因为只有这样市场才可能时不时地奖赏笔者一块肉吃。

最后，要提醒各位投资者注意，在中国，吃狗肉目前是不犯法的。所以，你如果偏要在市场当条横行逆市的恶犬，就要小心到时候别被市场宰了，提前过“冬至”！

交易只需要种好自己的一亩三分地。

第五节

专注：种好自己的一亩三分地

> 埋头苦干，不理闲事，是一种骄傲，并非退缩。
>
> ——亦舒《寒武纪》

美国人做过一项研究，在足球赛场上，运动员射失点球其中很大的一个原因，是他射点球的时候去预测对方守门员扑向哪一边。也就是说，运动员想射进点球，最好是全神贯注地关注自己脚下的足球，而不是去操心对方守门员的情况。

大家可能觉得有点突兀，为什么要说足球。

世间很多东西道理都是相通的。射点球的道理和交易是相通的，很多人把大量精力花在预测市场后期怎么走，反而使自己总是赚不到钱。想要做好交易，我们只需要专注目前的趋势就够了，不要被其他因素干扰。这个道理很简单，但实际中却很少有人做得到。为什么？

因为，我们的心很空。

我们需要听广播、看电视、上网去了解一切我们可能了解的市场消息，把我们的心稍微填满一点，让我们对市场的恐惧暂时减轻一些。

但这有用吗？第二天市场该怎么走还是怎么走。如果和预想的不一样，情绪反而会受到很大影响，心就又空了，又需要拿东西往里面填。于是，就到处在网上找论坛、进聊天群、甚至跑到交易大厅和那些同样心也空的人们，一同讨论，聊以慰藉。

其实，外界这些东西对普通交易者帮助很小，该套还是被套，该走还是不走。有些人明明知道做了这些也无法改变什么，但不做心里就很慌，就像犯烟瘾一样，需要马上点只烟放到嘴边吸。当时吸完确实能过一下瘾，可是以后烟瘾还会发，而且可能会越来越大，对身体一点好处都没有。

但其实最害人的还不是这些，而是你总是沉溺于寻求外界的帮助，忘记自己本身的独立思考能力，忘记了交易必须像射点球一样，最重要的是自己的专注。

独立思考和专注是一个成功交易者要具备的重要素质。

当然，你说你能想到的最成功的交易者，就只是你们家邻居王大爷，他就天天研究市场消息，和人们聊闲天，还在市场中赚了一些钱，你认为他就很不错。

如果你要这样说，也没有办法。燕雀焉知鸿鹄之志！别把市场当市井。别用业余投资者的爱好，挑战专业交易者的饭碗。

说来奇怪，做任何事情，大家都期望简单一些。而做交易，大家就愿意主动地去搞复杂。

进场之前，看新闻，看基本面，到网上问“大神”，再用各种技术分析指标看一遍……一套流程搞完，关上电脑，深呼吸一口气，发现脑子里更乱了。

为什么要搞得那么复杂呢？敢问大家交易能不能只跟着趋势做，其他一切都不要考虑。趋势在你就在，趋势不在，你就不在，交易只需要种好自己的一亩三分地！

做个交易别搞得自己跟搞了个重大科研项目似的，看看这瞅瞅那，再板着手指在那里算半天。自己到底几斤几两，心里真的没有点数吗？

做交易，趋势就是你脚下的路，埋着头老老实实跟着趋势走，别胡思乱想。走着走着，撞到头了，就先停下来，等路通了再走。这就是交易的最大的秘密。

好好走路，别老东张西望。这边某个“专家”叫你小心点吧，你心里一惊；那边某个“大师”劝你回头是岸，你心里一慌。在好端端的一个趋势上，把自己摔得鼻青脸肿的，还真不少。

他赚钱了，就会很兴奋，恨不得上天，整个人很膨胀。亏钱了，就会很恼怒，叹世态炎凉，整个人都会很沮丧。

第六节

情绪起伏大：没见过世面

> 傻丫头，回去泡个热水澡，睡个好觉，明天早上起来满街都是男人，个个都比豹哥好。
>
> ——陈可辛《甜蜜蜜》

先给大家说一个小趣闻。在非洲草原上有一种吸血蝙蝠，常常叮在野马的腿上吸血，不管野马怎样暴怒、狂奔，就是拿这个“小家伙”没办法，它们可以从容的吸饱再离开，而不少野马被它活活折磨死。动物学家发现吸血蝙蝠所吸的血量极少，远不足以使野马死去，野马的死因是暴怒和狂奔。

交易中，也有一种情绪起伏很大的人。这种情绪起伏，倒不是说是那种“大碗喝酒，大口吃肉”的豪爽霸道。

比如，他赚钱了，就会很兴奋，恨不得上天，整个人很膨胀。亏钱了，就会很恼怒，叹世态炎凉，整个人都会很沮丧。

大家应该都有这样的经历，一笔交易做得不错，赚到了一些钱，人就开始飘飘然，得意忘形，紧接着下面的交易就会有点随意，于是，亏损接踵而来。或者，之前一笔交易亏损比较大，心里就产生了类似“不会再爱了”的绝望，后面的交易做得更加不好。

所以，如果是情绪起伏大的人，在做交易时候的，是很痛苦的。太得意了会影响后面的交易，太难过了也会影响后面的交易。

这样的人就不适合做交易了吗？

也不能这样说，没有一个人天生都是淡定从容的。

在交易中，情绪起伏大的人，往往都是新手。赚了一千元，就开心到窒息，开始在到处打听哪里有卖私人飞机；亏了五百元，就感觉天都有要塌了，拿一张纸出来，开头默默地写上“对不起爸爸妈妈和所有爱自己的人……”，开始计划着十八年以后再做一条好汉。

平复这种情绪，没有秘方，只有靠时间，时间是最好的镇定剂。

有些人只需要十天半个月，有些人却需要十年八年。这也可能是为什么有些人做交易，很快就能做得不错，而有些人在市场很久了，也做不好的原因之一吧。

虽然从做交易的角度出发，人在成长的过程中，有更多的经历使之淡定从容，肯定是好的。但是话又说回来，如果一个人因为常年在市场中起伏，变得麻木，过早的消磨掉自己对生活的热情。虽然看似成熟稳重，却是乏善可陈，不见得是一件好事。

罗曼·罗兰在《米开朗基罗》里说：“世界上只有一种英雄主义就是在认清生活真相后依然热爱生活。”

希望每一个做交易的人，都能把交易和生活分开。老气横秋地做交易，天真无邪地过日子。永远年轻，永远热泪盈眶！

总是想方设法寻找不用止损、不用休息、不用等待，甚至不用亏一分钱的“完美”交易方法，最后使得交易这条路，被自己走死了。

第七节

完美：不存在的！

> 说的是一辈子！差一年，一个月，一天，一个时辰，都不算一辈子！
>
> ——李碧华《霸王别姬》

生活中，有些人做事追求精益求精，被大家称为“完美主义者”。完美主义者几乎都是偏执狂，他们在很多事业上往往能获得很高的成就，得到大家的赞赏。

但在交易行业中，几乎没有听说哪位优秀的交易者是完美主义者。说某人是市场中的完美主义者，大概算是一种嘲讽吧。

我们先看看完美主义是什么？

言简意赅，就是眼中容不得沙子，心中容不得瑕疵。

可是，市场就先天就有巨大瑕疵，甚至都不能说是瑕疵，而是“缺陷(Bug)”——无法被预测。光这一点，就可能会让完美主义者们抓狂。

也许，在完美主义者眼中，完美的交易应该是这样的：

交易前，做了一个交易计划：在A点进场，再在B点位出场。然后，市场果然照着这个计划去走了。他在A点进场，行情就突然在这个点位展开。之后，他在B点出场，行情就在这个点位突然结束。最后，自己当然大赚了一笔。最好投入的是所有身家，还加上到处借来的钱，赚得盆满钵满。之后，再酝酿下一次交易。

如此循环，世界首富，指日可待。

虽然稍微有点交易经验的人，都觉得这样的交易想法很幼稚。但我们在刚刚开始接触交易之前，何尝没有这样想过呢？甚至，至今依然在被类似的想法所忽悠着，天天做着白日梦。

毕竟，太吸引人了，不是吗？

确实，完美主义本质上就是幼稚的。他们相信世界上处处都有完美。

完美主义者归根结底是极度缺乏安全感的存在。他们因为害怕一点超出自己预想的情况发生，所以会想方设法提前把所有有可能会发生的意外都扼杀在萌芽里。在我们社会中，很多领域都需要这样的完美主义者去提前计划，以防发生各种意外。

但面对琢磨不透的市场，完美主义者将束手无策。如果他真想把所有意外都提前扼杀了，唯一能做的，就是去交易所销户，杜绝一切后患。

客观来说，世间并不存在完美的东西。但从主观出发，世间很多事情都可以被定义成完美的，至少在某个人看来是完美的。就像有的学者认为某件艺术品是完美的；有的音乐家认为某首曲子是完美的；有的男人认为自己的老婆是完美的。

那么，在成熟的交易者眼中，什么是完美的交易呢？

进场，走势不顺利，止损出场。

虽然损失了一点钱，但在一些成熟的交易员眼中，这就是一笔完美的交易。因为，他即时截断了亏损；

进场，走势顺利，趋势结束，止盈出场。

虽然不能买在最低点，卖在最高点，但在一些成熟的交易员眼中，这也是一笔完美的交易。因为，他把握住了一段趋势最美好的“年华”；

甚至，有时候不进场，也是一笔完美的交易。

虽然有可能错过行情，但在一些成熟的交易者眼中，他看不懂市场这段时间的走势，他宁愿放弃掉。因为，他最大程度上保证了资金的安全。

如果这样说之后，你依然认为，只有保证每一笔交易都赚钱，才算是完美。那你可能心理年龄还小，没法理解成人世界的“完美”，其实可以“不完美”。

这世上的很多问题，正因为总是想去解决，才成为了问题。

总是想方设法寻找不用止损、不用休息、不用等待，甚至不用亏一分钱的“完美”交易方法，最后使得交易这条路，被自己走死了。

生孩子，都知道怀胎十月一朝分娩。总不会因为没有耐心，才怀三个月就要生吧？那不叫生产，叫流产。

第八节

耐心：在妥协中获得

> 有一天，你会遇到一个彩虹般绚烂的人，当你遇到这个人后，会觉得其他人都只是浮云而已。
>
> ——文德琳·范·德拉安南《怦然心动》

说到交易，会常常强调耐心。没行情要耐心等待时机，有行情要耐心持有头寸等。但耐心这个东西，好像就算这样说一百遍都是白说，对实际情况一点帮助都没有。因为，耐心绝不是靠嘴巴说出来就能做到的。

大家普遍认为，耐心和人的性格关系很大。生活中，一个慢条斯理的人，我们一般都认为他是一个很有耐心的人。一个毛毛躁躁的人，我们一般就会说他是一个缺乏耐心的人。

但其实并不完全是这样。

任何一个看上去很有耐心的人，在生活中，总有一些事情或者人，让他抓狂；任何看上去没有耐心的人，在生活中，总一些事情或者人，使他淡定。

比如，笔者的姥爷，是一个小镇上以脾气古怪且暴躁出名的老人。笔者的童年是跟随姥爷长大的，姥爷对笔者就十分有耐心，和蔼可亲。记忆中，姥爷从来没有对笔者发过脾气。

还比如，有些人在外面对人彬彬有礼，十分随和，一副很好相处的样子。可在回到家里就嚣张跋扈，蛮不讲理。

可能有人认为他们这是在装，其实真不是。假如是一个本身就没有耐心的人，他如何能有耐心地一直装下去？

所以，耐心是挑对象来的。

我们想一想，耐心究竟是什么？

耐心其实是一种妥协。没有人天生就事事都有耐心，耐心可以通过后天训练获得。

有些事情，当你知道它必须要妥协才能达到的时候，耐心就自然产生了。生活中其实有太多这样的事情，以至于我们很难察觉到早已对它们产生了耐心。

比如，生孩子，

都知道怀胎十月一朝分娩。总不会因为没有耐心，才怀三个月就要生吧？那不叫生产，叫流产。

所以，根本不存在没有耐心的人，只有还没有对某件事妥协的人。

说回交易，为什么总是有人等不到进场信号出现就急急忙忙地进场，等不到出场信号出现就急急忙忙地出场呢？

现在我们就不能只是草率地说因为他没有耐心了。因为我们知道，是他还没有对市场妥协，他心中还有一把炙热的火焰没有熄灭。等到市场用现实的冷酷浇灭他心中那把火焰，把他收拾得服服帖帖之后，他自然就会妥协了，自然也就有耐心了。

到时候他就会知道，交易不等待，钱就不会来。

文字的力量是有限的，人有很多心境必须靠自己去亲身经历才能获得，否则世间还有什么凡人，人人都立地成佛了。

所以，并没有什么方法能让你对交易快速地拥有耐心，因为追求快速本身就违背耐心。

他在和大家聊交易的时候，在别人看来，他就是全世界最幸福的人。

第九节

优柔寡断：不止是恐惧

> 如果我知道怎么舍弃你，那该有多好。
>
> ——安妮·普鲁《断臂山》

笔者记得之前看过一部关于华尔街培训交易员的纪录片：一些来自各行各业从来没有做过交易的人，报名参加了华尔街某投行的专业交易员培训。最后以他们在一段时间内交易的盈亏成绩，决定谁去谁留，争夺专业交易员的岗位。

其中有一位女士给笔者留下了很深的印象。一开始她交易不是很顺利，之后她在很长的时间中，就一直都不敢做交易，下单对她来说压力巨大。中间在培训师的极力要求下，勉强做了一两单交易。她几乎每天坐在电脑面前，精神都处于崩溃的边缘，感觉已经自暴自弃了。最后经过商议，她不得不提前离开节目。

不知道大家有没有遇到过类似不敢做交易的情况。对于交易完全没有信心，害怕亏损，害怕被嘲笑，可以说对交易充满了恐惧。

每个人的心理承受能力是有差异的。有些人，经过大风大浪，依然勇往直前。有些人经历了一些挫折，就从此一蹶不振。

在交易中，因为交易不顺利丧失信心，甚至怀疑人生，也不是新鲜事。

这样的人很难几句话就让他们重新振作起来，其实也没有必要非要让他们振作起来。因为没有人非要做交易，对有些人来说，结束做交易也许是一种解脱。

如此一来，让我们来反思一个重要的问题：你究竟热爱交易吗？

虽然热爱不代表就能成功，但不热爱就算成功了，对自己来说，又算什么成功呢？

很多人其实并不热爱交易，他们可能只是因为在市场中被套了，不得不死皮赖脸留地在市场中，心情也随着市场每天的涨跌起伏不定。他们恨不得时光能倒流，回到过去，拿自己投入市场的钱吃喝嫖赌抽，做什么都行，就是不会让自己碰交易。

钱钟书说：“人生的刺就在这里，留恋着不肯快走的偏偏是你所不留恋的东西。”

那究竟如何才算是热爱交易？

好好想想，我们生命中有没有曾经爱过某一件东西或者某一个人，突然之间似乎有了软肋，又有了铠甲。那种不怕一切艰辛，奋不顾身的感觉，相信每一个人都有过。只是有些人可能因为某些原因，不愿再提起。

同样的，热爱交易就是在你做交易最艰难的时候，亏损最严重的时候，也没有想过彻底放弃。反而，挫折使你有更加要做好交易的决心。

注意，这绝不是因为亏了钱而在赌气，而是发自内心的喜欢这个行业，每天有交易做心里就很舒服。

热爱，是捂不住的，捂住嘴巴，也会从眼睛里跑出来。

笔者曾经在一个期货交易所见过一位大叔，听那里的工作人员说，只要是工作日，他每天都来交易所和其他交易者讨论期货。虽然他老婆不允许他炒期货，他自己账户的钱也不多，技术也一般，但他好像对期货总有聊不完的话题，似乎身上有用不完的精力。而且，他在和大家聊交易的时候，在别人看来，他就是全世界最幸福的人。

是的，人生的幸福，莫过于此——能每天做自己喜欢的事。如果这件事能成为养活自己的一份事业，夫复何求。

不要对此不削一顾，大家知道，这个世界有多少人每天的工作只是为了糊口？

你以为纺织女工就喜欢纺织吗？炼钢工人就喜欢炼钢吗？有的人甚至一辈子做的工作，都是自己厌恶的事情，这难道不是一种悲剧吗？

所以，回到这篇文字开始的那个话题。

我们不敢做交易，恐惧交易，也许只是我们不够热爱它。

千万不要强求这样的人去从事交易，离开交易对他来说就是新的开始。当然，如果你不敢做交易，只是暂时的“亏损后遗症”，其实并不打算放弃，内心依然对交易割舍不下。那相信也不需要任何干预。休息一下，自然会好起来的。

因为，你对交易的热爱，拥有最好的自愈力。

不接受现实又能怎么样？你去把市场掀翻？像那些去医院当“医闹”的人一样，去股票市场当个“股闹”？

第十节

希望：一块绊脚石

> 每个人都会经历这个阶段，看见一座山，就想知道山后面是什么。我很想告诉他，可能翻过去山后面，你会发觉没有什么特别，回头看会觉得这边更好。但是他不会相信，以他的性格，自己不试试是不会甘心。
>
> ——王家卫《东邪西毒》

真是特别不忍心聊“希望”这个话题。

希望明明带给我们人类无限的好处，但它在交易中，却遭到“强拆”。

想一想，希望是什么？是我们主观的期盼。

交易不需要我们有什么期盼，因为期盼无法左右市场的走势，我们只需要接受现实，才可以及时地处理交易中遇到的问题。

人一旦在市场中充满希望，他就会忘记规则。希望恰恰会阻碍我们接受现实，一直活在盲目的希望中，越亏越多，最后无法自拔。

比如，一个成绩一直很优秀的学生，高考的成绩却非常不好。他自己和周围的人对他的希望，将成为他接受这个事实的巨大障碍，反而可能导致他出现一些消极的想法。甚至可能会因为无法接受现实，采取一些极端的方式去逃避。

回过头来，同样一件事情。我们假设，虽然这个学生平时成绩一直很优秀，但他对高考成绩不抱有任何希望，周围的人也对他不抱有任何希望，那他自己考多少分，都完全可以接受，不存在抗拒现实的问题。

显然，这种假设完全不符合情理。挺好的一个学生，怎么可能所有人都对他没有希望呢？

可是，我们要知道，市场就是这样不符合情理的地方，没有任何合理的期盼可言。当你以为能大赚的时候，可能会连连亏损；当你以为是没有什么行情的时候，可能就会来一波意想不到的大行情。所以，我们也只能适应市场的不符合情理。这样才可以使我们接受每一次交易的结果。

话说回来，不接受现实又能怎么样？你去把市场掀翻？像那些去医院当“医闹”的人一样，去股票市场当个“股闹”？去期货市场当个“期闹”？选择逃避能解决问题吗？

接受现实才能保护自己。

人在市场，身不由己。顺市者昌，逆市者亡。也许崇尚自由的现代年轻人不是很能接受这样的生存方式，感觉很压抑，自己很渺小。

在人类历史中，我们有很长一段时间，都是处于奴隶制社会。奴隶是一种社会地位很低，完全没有自由，必须服从主人的一种社会角色。

笔者一直有个大胆的设想，如果把过去的那些奴隶带到现在，培养成交易员，他们应该会很优秀。

我们只需要教他们基本的交易操作，然后告诉他们，市场就是他们的主人，你完全跟着市场的走势去做就可以了，不要有自己的思想，不要有自己的情感。

也许他们还会认为，伺候市场比伺候过去的主人容易得多。因为，人的情绪有时候比市场更难琢磨，他们明明有时候没有做错任何事情，一心一意地伺候主人，都会招来杀身之祸。而市场却不是，只要他们好好地跟着趋势走，市场是不会亏待他们的。

一个人在黑暗中久了，双眼就习惯了黑暗。

假如有一天，市场说，从今以后，你们不用再听市场的了，你们爱怎么走怎么走，你们自由了。那些优秀的交易员同样会感到迷茫。因为他们平时只是市场的“奴隶”，他们最大的本事就是跟着市场走。如今翻身做主人了，生存模式改变了，一时都不知道怎么活。

如果大家不喜欢被称作市场的奴隶或者之前所说市场的狗，这类贬低身份的称呼，其实都没有关系。无论你把自己定位成市场的什么角色，比如受虐狂、隐忍侠、能屈能伸的大丈夫等，你只需要懂得：在市场中生存，希望就是你的一块绊脚石。因为，没有希望，就不会有失望，最后，更不会感受到绝望。

自律其实是为了能让你触及真实的自由，让你成为市场的“老司机”。

第十一节

自律：成为市场的“老司机”

> 这些墙很有趣。刚入狱的时候，你痛恨周围的高墙；慢慢地，你习惯了生活在其中；最终你会发现自己不得不依靠它而生存。
>
> ——斯蒂芬·金《肖申克的救赎》

当初刚进入市场做交易的时候，相信大多数投资者内心其实是快乐的。那时候无知者无畏。每天随心所欲地操作，无拘无束。无论市场是涨是跌，感觉都很刺激。赚钱了开心，亏钱了也斗志盎然，想着加把劲赚回来。

然后，渐渐地我们发现，在交易中总是亏钱多赚钱少，感到交易并不是想象中的那么简单的时候，对交易的热情也慢慢开始冷却了。

最后，在认真地学习交易的过程中，了解到想要在市场赚钱，原来有那么多的交易规则要遵守，不能再像当初那样随心所欲地进场出场了，反而内心有了一些失落。交易变得束手束脚的，不再自由，似乎也完全丢失了当初那份刚入市场的快乐。

好像人生也是这样，小时候我们对世界充满好奇，每一天都感觉很新鲜，生活自由自在；慢慢大了，随着见识的增加，逐渐地了解周围的世界和人，懂得一些社会的繁文缛节，反而感到有一些失望，生活也开始有些拘谨；有了事业和家庭之后，身上的负担也加重了，感觉人生完全失去了自由，哪怕物质比过去丰富得多，可是再也找不到有小时候的那份快乐了。

似乎自由流失的过程，就是成长的过程，而交易和人生一样。

如果你也有这样的感受，那么这条路你只走了一半。

很多人都学过开车，没开车之前，我们认为开车很好玩，可以在路上自由飞驰。学开车之后，发现开车不仅有很多操作的流程，还必须要遵守一大堆交通规则。比如，红灯就停下来，耐心地等待；绿灯就要抓紧时间通过；道路分左右，不能逆向行驶等等，感到十分繁琐。

驾驶的规则和交易的规则是不是很像？

市场亮红灯的时候，就耐心观望；市场亮绿灯的时候，赶紧进场不要犹豫；不要逆向交易，要顺势而为等等。

作为新手驾驶员的那几年，我们开车在路上，大脑中总是要提醒自己各种驾驶的技巧和路上的交通规则，时不时地还是会被开罚单，感到十分不自在。

但是，当驾龄超过十年甚至二十年，我们成为老司机之后，还会有任何不自在吗？不夸张地说，车子完全可以交给本能去驾驶了，大脑几乎不用再做任何关于开车的思考。所有关于开车的技巧和规则，已成为我们潜意识的一部分，身体会自然做出反应。

开车对于老司机来说，是随心所欲的，是自由自在的。

交易其实也是这个道理，开始我们了解交易的规则的时候，感觉很烦，做什么都要被控制。但当我们做交易十年二十年，把所有的交易规则都变成一种本能，哪些该做，哪些不该做都成为一种自然反应，我们就不会再感到有任何束缚了。相反，感觉交易是自由的，是随心所欲的。

这世间本来就没有绝对的自由。上天入地，要防雷劈；功夫再高，也怕菜刀。

所谓的自由，只是说“不”的能力。

我们刚进入市场，随心所欲地操作，对任何行情都来者不拒，以为是自由，其实是胡来。胡来的人恰恰是最没有自由的，也是最渴望自由的。

孔子曰的“随心所欲不逾矩”的境界，这是真正的自由。知道自己在一定的规则内，什么能做，什么不能做，才有自由。

而人们主动去遵守规则的过程，被称之为自律。

虽然无数的交易前辈提醒我们，交易必须自律，自律让我们成功。可是我们总是很难做到，因为自律让我们感到束手束脚，让我们误以为被剥夺了自以为的“自由”。

但如上面所说，自律其实是为了能让你在未来实现真正的自由，让你以后成为一名市场中的“老司机”。那么，你要不要重新考虑做一个自律的交易者呢？

风向哪边吹，草往哪边倒。

刚来市场的时候，我们以为自己是风；

后来，我们才发现，自己只是草。

第十二节

高手的境界：佛系交易

> “它们生命中的绝大多数时间，都要在冰冷的海洋上独自漂流而度过。”
>
> ——BBC 纪录片中一段对北极熊的描述

前面说了这么多关于交易心态的话题，大家也许最想知道的是，成功交易者的心态是什么样的，或者说他们的心路历程是什么样的？

其实很多人把成功的交易者想得过于“高大上”，他们也是在市场中一路靠着自己，忍受孤独和痛苦，狼狈不堪地摸爬滚打过来的。

如果要把一个成功交易者的心路历程分成几个阶段，差不多是这样的：

1. 狂妄无知期

刚入市，初生牛犊不怕虎，操作任意妄为。一开始也许凭着运气赚过一点钱，可是，在市场中呆的时间稍微久了，就开始亏钱，直到被市场揍得鼻青脸肿。

2. 自知之明期

被市场多次教训了之后，终于明白市场是不可预测的。知道市场中可能发生任何变化，自己对于市场来说实在太过于渺小。

3. 自我虐待期

既然自己如此渺小，反抗不了市场的淫威，那不如接受它，甚至破罐子破摔，学着去享受它。享受市场给自己带来的每一次惊喜和失望。全心全意臣服于在市场的“石榴裙”下。

4. 麻木不仁期

完全认同市场之后，时间长了，对市场的任何举动，开始变得麻木不仁，见怪不怪。对市场也渐渐少了怨言，少了情绪。放下了自己对市场的成见和执着。甚至可以做到连自己都骗，虽然自己置身于市场之中，却能拥有一种“看热闹不嫌事大”旁观者心态。

5. 顺势而为期

对于交易，已经关闭了自己大脑“胡思乱想”的功能，完全没有主观的思想。继而慢慢学着只是本能地跟随市场趋势的节奏：

市场无趋势的时候——静静地蹲在场外发呆，挖着鼻孔看天；

市场有趋势的时候——提着裤子进场，跟着趋势一路尘土飞扬；

市场趋势结束或者趋势没成功展开的时候——卷起铺盖走人，到场外找一凉快的地方蹲下，继续发呆。

周而复始。

是的，成功的交易者做就是“佛系交易”。（佛系：网络词汇，含义是一种怎么都行、看淡一切的活法和生活方式。）

市场“无常”，交易便“无我”。

在市场中，放下执念，入场出场皆由缘分。不喜不悲、不怒不嗔，不溺过去，不惧未来，不作不矫情不强求，不和市场较劲。心处于躺平状态，顺势而为，抱朴守拙，把自己活成了一个大写的“哦”。

简单总结，做交易就是：

风向哪边吹，草往哪边倒。

刚来市场的时候，我们以为自己是风；

后来，我们才发现，自己只是草。